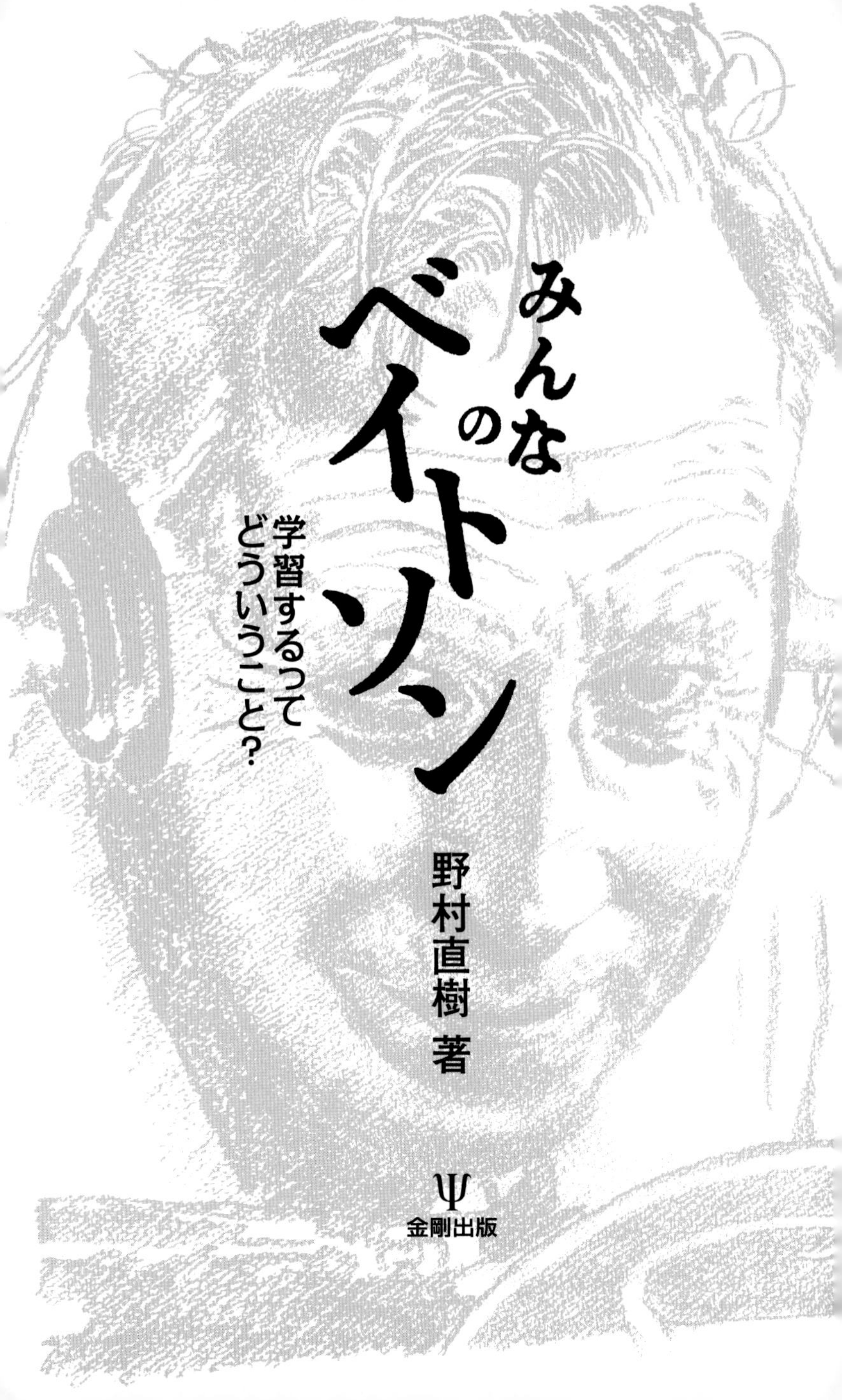

みんなのベイトソン

学習するってどういうこと?

野村直樹 著

金剛出版

みんなのベイトソン

学習するってどういうこと?

目次

第3部　怪事件に立ち向かう私立探偵フィリップ・マーロウ

第1部 ベイトソンへの旅

第1話　二〇〇八年九月、エサレン、海

ぼくは高台から夜の海を眺めている。暗く躍動する海だ。前方からの月の光が動く海面に反射する。それらは無数の光の束となり、金波銀波となって陸地に向かってやってくる。ゆらゆらと、くねくねと、ずんずんと。まるで闇の宇宙空間に巨大な生きものでも現れたようだ。金龍が大きな体をくねらせているかのように。遠い沖で育ち成長したその生きものは絶壁の海岸に近づき最大限大きくなったかと思うと、すーっと消えてしまう。ぼくは再び光の生まれる沖に目を向ける。この光の造形は……何かを隠している。ちょうど三〇年前ぼくはここ同じ場所に立っていた。振り向くと暗闇に人影が見える。おそるおそる辺りを気にしながら近づいてくる。海の見える断崖までやってきたのだ。でも実際は暗くて何も見えやしない。真下に波のくだける音が聞こえるだけだ。

〝Are you Janet?〟ぼくが声をかける。〝Oh, hi!〟やっとこちらを認識したように相手は応えた。同じセミナーに参加しているジャネット・ケリーが不思議そうに立っている。やはり太平洋を見ようと暗い芝生を横切ってやってきたのだ。こんな暗い海を見に来るとは⁉……それはお互いが思ったことだろう。セント・トーマス島でスポーツ・ジムに勤める年かさのいったこの女性は、新

しい人生を始めたくて大西洋の小島からここカリフォルニアを訪れたという。新しい人生？　ぼくがここに来た理由はそれとはまったく違うが。

「二一年も舟の上での暮らしだったから……夫と私と二人で。必要なときだけ舟を岸に着けてね、ジムの仕事を終えて、用を足して、それでまた海に戻るのよ」と彼女は押し寄せるゴージャスな光に、スーパーの値引き商品でも眺めるように目をやった。

「それって夢のような生活だなー。ぼくが学生のときチャック先生という人がいてヨットに住んでいてね。そこへぼくは書けただけの卒論を持って通ったんだ、サンタクルーツのヨットハーバーまで。今ではもう彼は海の上ではなく陸で生活している、再婚して」

「舟の生活って、実際そんなロマンチックなものじゃないわよ。不便だったり、みじめだったり、喧嘩しても行く場所がないから。でも、まあ、今思えばやっぱり懐かしく思えるから不思議……」

「そんな生活、誰にもできるわけじゃないから……」

「新しい生活を始めたいと思ってここへ来たけど、突き詰めては考えないの。海の上がそうだったように、結局ものごとはなるようになっていくのだから。どことなくそう思えるのよ」

「きっとそのとおりでしょうね……」と言うぼくの言葉に応じたかのように、「明日は早朝ヨガに参加するの。そろそろ寝なくっちゃ。それじゃあね。グッナイト！」と言って彼女はロッジの方向に歩き去っていった。

ぼくは一人になってからも真っ暗闇に輝く金や銀の光のうねりをしばらく眺めた。ふとポケットにデジタル・カメラが入っていたことに気づいた。光に向かって撮ってみた。あとで見たが何も写っていなかった。

ぼくがグレゴリー・ベイトソンのセミナーに参加するため、ここエサレン・インスティテュート（Esalen Institute）にやってきたのは、一九七九年が終わり八〇年になったばかりの冬の頃だった。サンフランシスコのぼくの通った大学では「セミナー・オン・グレゴリー・ベイトソン」という授業があった。ぼくはその一環でクラスメートたちとここエサレンをはじめて訪れたのだ。そのときも今回のように二泊三日の泊りがけセミナーだった。講師はグレゴリー・ベイトソン、その人。セミナーの名前はずばり〝Steps to an Ecology of Mind〟（精神の生態学）だった。

エサレンはサンフランシスコから南に約二〇〇キロ、通称ビッグサーと呼ばれる地区に位置する、アカデミックな匂いのするリゾート地だ。前もって予約がなければ敷地内には入れないが、東洋思想、代替医療、健康増進、アートワークなど大自然の中でゆったりと学べる。そしてもう一つの魅力。それは五〇度くらいの温泉が出ることだ。その昔この一帯にエセレン・インディアンズ（Esselen Indians）という先住民がいたが、彼らもまたこの温泉を湯治場とした。温泉のことを彼らは「神の水」と呼んだという。エサレンの名はもちろんこのエセレン・インディアンズに由来する。ハワイやフロリダの商業主義とは一線を画したリゾートだが、宿泊設備もよく整い長期滞在者も受け入れている。

ここには一九六二年の設立以来、名の知れた科学者が多く講師として招かれてきた。歴史学のアーノルド・トインビー[1]、心理学のバラス・F・スキナー[2]、アブラハム・マズロー[3]、臨床家のカール・ロジャース[4]、ロロ・メイ[5]、ヴァージニア・サティア[6]、その他オルダス・ハクスリー[7]、アラン・ワッツ[8]、カルロス・カスタネダ[9]などの著名人。人類学者グレゴリー・ベイトソンもその中にいた。

目の前は太平洋の絶景で、敷地内は自給自足用の野菜畑が広がる。広大な敷地を縫って散策路がつづき、滝やメディテーション・ホール（坐禅堂）は水墨画を想わせ、海辺に下りていくと三陸海岸にいるかのような錯覚を覚える。だがよく見渡せばその規模はまったく違う。ここはオレゴン・コーストとともにアメリカ大陸でももっとも美しい海岸線で世界に知られる景勝地だ。サンタルシアの山々は海岸線近くまで迫り、その間を縫うようにハイウェイ・ワンが走っている。地球上で一番高くなるという樹木レッドウッドの森はこの土地のシンボルだが、エサレンの敷地内にはなぜか松の木が多い。ここからハイウェイ・ワンを南に下ればサンタ・バーバラを経て約四〇〇キロでロサンゼルスに着く。あの天使（Angeles）が住むという名の街に。

註

1 アーノルド・トインビー／一八八九年生まれ。イギリスの歴史学者。西欧中心の歴史観から離れる。

2 バラス・F・スキナー／一九〇四年生まれ。アメリカの心理学者。行動分析学の創始者。

3 アブラハム・マズロー／一九〇八年生まれ。アメリカの心理学者。人間性を重視する心理学の生みの親。

4 カール・ロジャース／一九〇二年生まれ。アメリカの臨床心理学者。来談者中心療法の創始者。

5 ロロ・メイ／一九〇九年生まれ。アメリカの心理学者。実存心理学の開拓者。

6 ヴァージニア・サティア／一九一六年生まれ。アメリカの家族療法家で、二〇世紀最高のセラピストの一人。

7 オルダス・ハクスリー／一八九四年生まれ。イギリスの作家。のちにアメリカに移住。仏教、その他宗教についての著作がある。

8 アラン・ワッツ／一九一五年生まれ。イギリスの哲学者。禅についての研究で知られる。

9 カルロス・カスタネダ／一九二五年ブラジルの生まれのアメリカの文化人類学者。呪術師の弟子になって書いたとされる有名な著作はその信憑性が疑われている。

第2話　一九七三年九月、ハリウッド、出会い

私の名はフィリップ・マーロウ[1]、ロサンゼルスの私立探偵だ。小説『ロング・グッドバイ』をはじめ、レイモンド・チャンドラーの書いたミステリ小説に出るようになって、はからずも名前が売れてしまった。そのために不便も生じたが、今ではそんなことは別にかまわない。私には私の仕事がある。危険で儲からない稼業をどういう物好きからやっているのかって？　それは自分にもよくわからない。私は自分の価値観で仕事をしている、としか言えない。ロス市警の署長や警部たちからはよく変人扱いをされてきた。先日も彼らの勘違いからずいぶん痛い目にあわされた。例のテリー・レノックス[2]の事件だ。だが一方で私のことを理解してくれる警官や弁護士たちもなかにはいる。私がグレゴリー・ベイトソンにはじめて出会ったのは、一九七三年九月の晴れた日だった。晴れた日？　九月のカリフォルニアは「晴れた」なんてもんじゃない。午後はカーッと暑い、華氏にして軽く九〇度（三二～三三度）くらいに達するインディアンサマーさ。昼間の太陽は明るすぎざサングラスなしでは目の中まで焼けてきそうだ。地方検事局の調査官を辞めて、その頃私はまだ駆け出しの若い探偵だった。

サンセット・ブルバードの大通りを右折すると、ポンコツのマーキュリー・コンバーティブルがエンジン・トラブルのような格好で止まっている。ボンネットが開けられ煙がのぼっていた。脇には大柄の中年の男が車から降りてきた若い娘となにやら話しはじめている。二人の様子だが……なんとなく変わっている。まさか若い娘を誘拐した途中で車が壊れたとでもいうのか。職業的憶測はやめよう。困っていることには違いない。私は車を寄せて近づいた。娘は男を「パパ」と呼んでいる。

娘「ねえ、パパ、教えて。エンジンにだって気持ちはあるの？」
男「難しい質問だな。たとえば、おまえが五歳の女の子だったとしよう。そのときパパは同じ質問に迷わず、もちろんエンジンにだって気持ちはあるよ、と答えただろうね」
娘「パパ、それってどういう意味？　私、今一一歳よ。一一歳の私への答えは違うっていうの？」
男「つまりだよ、今エンジンに変調が起きたのにはいろんな説明が可能だということさ」
娘「でも、パパ、説明がいろいろあるなんて……そんなの説明になってないじゃない。私はエンジンがおかしくなったほんとうの理由を知りたいのよ」
男「その気持ちはわかるさ。しかしだ、もしもほんとうの説明が実際多くあるとしたら、お前はその一つだけで満足するのかね？」

娘「なんだかパパは私に意地悪しているみたい。車が壊れたイライラを私にぶつけたりして」
男「ちょ、ちょっと待ってくれ、キャシー。これでもパパはいちおうサイエンティストの端くれなんだ。言葉や説明にはじゅうぶん気を使いたいのさ」
娘「どういうふうに？」
男「さっき急にパワーが落ちてパパがアクセルを踏んでも車はヘンな音を立てた。そしてうまく進まなくなった、煙だけは一人前に上がったがね」
娘「それって、何とかって言うんじゃないの？」
男「ああ、オーバーヒートと言われてるかな」（認めたくなさそうに）
娘「そう、それよ！　オーバーヒート。オーバーヒートの原因って何なの、パパ？」
男「オーバーヒートというのは、ラジエーターのサーモスタットが壊れたり、ウォーター・ポンプが不良だったり、ラジエーターが詰まったり、あるいはたんにファンベルトがゆるんでもおきるらしい。もちろんほかにも理由はあるだろうがね」
娘「ふーん。けっこうややこしいのね。でもパパ、私たちのオーバーヒートはそのうちどれが原因なの？」
男「見たところそのうちのどれでもなさそうなんだよ。しかし、パパは自動車屋さんじゃないから、はっきりとは言えないがね……オーバヒートと断定できるかどうかも」

私は二人に近づいて声をかけた。

マーロウ「ハロー、ミスター。お困りのようだが、何か手伝いすることでもあれば……」

女の子のほうはきれいなアメリカ英語を話したが、対照的に男には強い英国訛りがあった。

男「オー、サンキュー。エンジンに何か起きたのかよくわからないんだ。が、今見たところ、どこも悪くなさそうなんだ。さっきは坂の交差点あたりで急に減速してしまって、かと思ったら前から煙が上がったものだから……(I'm not sure yet what had happened to the engine...so far it doesn't look so bad. It just went slower and slower when we came around the corner...lots of smoke came out of the engine though.)」

マーロウ「坂を上がったりしてエンジンに負担がかかって、それでもってアクセルを踏みすぎれば、こうなることはあるかな。一時的かもしれない。ガレージに電話する前にちょっと様子を見たほうがいいだろうね。だがファンベルトはたしかにちょっとゆるいかな (It might have been just over accelelation with too much gas going into the engine rooms. You might just wait and see how it gets back to normal, or not, don't you think?)」

男「ぼくもそう思うんだ。でも重大なトラブルではどうやらなさそうだ (I think you are quite

right. I also do not think it came from a real serious engine trouble.)」

しばらくして男は〝Well〟と独り言のようにつぶやき、私に軽く手でおどけたポーズをして、再び車に乗り込んだ。そして娘も男につづいた、私に軽く微笑みは返したが。ほんとうに親子なのだろうか。旧式のマーキュリーは様子を見ながらといった感じで、ゆるゆると動きだした。どうやら大丈夫そうだ。ルーフを開け放した車の窓からは二人の会話の続きが聞こえてきた。

娘「だから、最初に私が言ったみたいに、パパがあんまり乱暴にアクセル踏むからエンジンは感情を害したんじゃないのかしら」

男「ふーむ」

娘「ね、パパ。エンジンはほんの一時パパの運転で気分を悪くしたけど、今はもうもとどおり機嫌を直したの。私、そう思うわ」

男「パパはお前の考えを否定するつもりはないよ。ただ問題は一方ではオーバヒートが原因だとか言っているときに、もう一方で気分を害したという説明をしていたのではだめなんだ。それぞれが違った説明原理だからね」

娘「そんなこと、私はじめから言ってないわよ。感情を害したからこうなったの？　と私は聞いただけよ。でも、どっちが正しい説明なのかしら、よくわかんないわ、パパ。教えて、どっちがほんとうは正しいの？」

私は、マーキュリー・コンバーティブルが二人を乗せて動きだしサンタモニカの方向に走り去るのを見送った。英国訛りの中年の大男、一九〇センチはあっただろう。しゃきしゃきとして頭の回転がよさそうな女の子。そして、後部座席に積まれていたなにやらキャンプ道具のようなもの。キャンプの途中で必要な食料を街中に買出しに寄ったのか。後年、あの服装からしてぱっとしない大男が二〇世紀を代表する知性グレゴリー・ベイトソンだと私が知るまでにはずいぶん時を要した。そのとき私を眺めたその目が以前どこかで見たような眼だった、どこかで。それを懸命に思い出そうとしてみたがどうしても思い出せなかった。

註

1　フィリップ・マーロウ／アメリカの小説家レイモンド・チャンドラーの数ある探偵小説に登場する主人公。マーロウには多くの名言があり、この本の最後の言葉、「タフでなければ生きられない、やさしくなければ生きている資格がない」もその一つ（清水俊二（訳）1977『プレイバック』ハヤカワ文庫・第25章）。

2　テリー・レノックス／チャンドラーの最高傑作と言われる『ロング・グッドバイ』（村上春樹（訳）2007 早川書房）の主要人物。

第3話　一九七三年九月、アズサ、二つの殺人

ぼく（この本の著者）がはじめてアメリカにやってきたのはロサンゼルスの東にあるアズサ（Azusa）という小さな町だった。高級住宅で知られたパサデナの近く、サン・フェルナンド・バレーが北の山々と接する場所にこの町はあった。町の北端にあるジュニア・カレッジのすぐ北から傾斜がはじまりサン・ガブリエルの山々へとつづいている。

「アメリカなのに〝梓〟なんていい名前じゃないか」、そう思った。

だがアズサの町は単調そのものだった。広い道路に大型の車、だだっぴろい駐車場に大型スーパーマーケット。来る日も来る日も青く晴れ渡った空。乾燥から山肌を赤くむき出しにした低い山や丘。どこも同じように小さな前庭を揃えたアメリカ的な一戸建て住宅。カリフォルニアの爽やかな天候と文明に憧れてやってきたにもかかわらず、ぼくはすぐに飽きてしまった。

California is a nice place to live...if you happen to be an orange.（カリフォルニアは住むにはもってこいの場所さ……もしきみがオレンジならばね）本を読んでいて出くわしたこのフレーズが当時のぼくの生活を皮肉に言い当てていた。ぼくはアズサにあるジュニア・カレッジに入り半年のあいだ籍を

置いた。

東京の私立大学を出たには出たのだったが、それは「大学卒」なんて言えるものじゃなかった。四年のうちその半分以上の期間が学生運動のため封鎖《ロックアウト》されていた。結局ぼくはほとんど勉強しないで大学を出てしまった（それでも卒業できるから不思議なものだが、大学にしてみても暴力的なぼくらなんかに長くいてほしくなかったのだろう）

一つでも何か勉強らしいことがしたかった。何でもよかったのだ。英会話？……上々だ——そう、何か一つ身につけるもの。そう思ってぼくはアメリカの方角を向いた。

フィリップ・マーロウがハリウッドの街角でベイトソン親子に遭遇した一九七三年の夏頃、その場所からそう遠くはないロサンゼルスの東の田舎町でぼくは六三年型の黄色いカブトムシ（フォルクスワーゲン）を走らせジュニア・カレッジに通っていた……半分オレンジにでもなった気分で。

半年後アズサの隣町にある四年制の大学に移ることになった。そこにダンというディベートの先生がいて、とてもぼくに親切にしてくれた。英語が上手くなるにはディベートだぜ、くらいに思ってぼくは彼からいろいろ教わった。ダンはアメリカ人男性にしては小柄で三〇歳そこそこの端整な顔立ちの講師だった。オフィスにしては小さすぎる彼の部屋は三人入るといっぱいになった。

今思うと彼は講師というより臨時雇いのディベート・コーチだったのかもしれない。

そんなある日、学校に行くと「ダンが殺された！」というニュースが飛び込んできたのだ。聞くところによると彼の家に泥棒が侵入したらしい。彼は泥棒を驚かそうとしたが、反対に動転した泥棒がダンを銃で撃ってしまった。大学の近くにあるダンの家をパーティで訪れたことがある。小さいが小奇麗な家だった。家の中の家具もほどよく洗練されていた。そのときぼくの目に留まったのは若い男性にしてはあまりにもきれいな寝室だった。ぼくと同性とは思えないこまやかな配慮が家の隅々に見てとれた。

ほどなくダンを偲んで葬送の儀（メモリアル）がキャンパスの芝生の上で執り行われ同僚の教員がスピーチをした。英語がよくわからなかったが、いったい何をどう感じたらいいかすらもわからなかった。ただあっけないダンとの別れだった。

ダンが同性愛者《ホモセクシュアル》だったことをあとから知った。

それからしばらくして、ぼくはそれまで世話になったホームステイ先を出ることになった。ある新築の家に部屋を借りることになったのだ。家の持ち主（といってもぼくの通う大学の工学の助教授だったが）は、親切にも安く部屋を貸してくれた。山を切り開いた住宅地に立つコンドミニアムを助教授は買ったばかりだった。年齢差はあったものの彼とぼくとは音楽の趣味が一致していた。ジャズのことでいつも楽しく会話がはずんだ。

しかし、ある日学校から帰ってドアを開けると知らない裸の男がキッチンを歩いている。ギョッとした。一瞬目を疑った。その男はそのまま主人の寝室に消えたが。それでやっとぼくは助教授がホモセクシュアルだということを知った。親切なわけか。

そんなわけでぼくはその家を間もなく去った。ところがある日、といってもその家を出て一週間経つか経たない頃に、その助教授がやはり殺されてしまった。撲殺だった。「警察は間違いなくぼくのところに来る」、これは確信に近かった。だがとうとう警察は来なかった。犯行の数日後、逃走中の犯人がネバダ州で逮捕された。原因は〃関係のもつれ〃だったのだろうか。

一九七三年の時点では、日本から行ったぼくには殺人事件はおろか同性愛すらとても遠い存在だった。その二つが現実として一気に目の前に現われた。[1]

日々物騒なこういうロサンゼルスのどこかでフィリップ・マーロウも「事件屋稼業」をやっていたに違いない。お世話にならずに済んだものの。この二つの事件はぼくにとって特異な出来事としてアメリカという国を印象付けた。

グレゴリー・ベイトソンにぼくが出会うのはこのときから約六年後の一九七九年の二月である。その間にぼくは隣町の四年制大学を卒業し、ロサンゼルスを離れてサンフランシスコの大学の大学院に進んでいた。

ぼくの知るロサンゼルスは「天使の住む街」ではなかった。この後かれこれ一四年ぼくはアメリカに暮らすことになったが、ロサンゼルスに帰ることはなかった。

註

1　ぼくのこの身近に起きた殺人については、司馬遼太郎 1989『アメリカ素描』（新潮文庫 pp.130-131）にも出ている。

間奏曲 *Intermezzo*

父と娘の会話 1 ――学習とは？ コミュニケーションとは？

（二人は高度に知的、父はユーモアがあり皮肉屋、娘は好奇心のかたまりで頭の回転が速い）

娘「ねえ、パパ、聞きたいことがあるんだけど。私最近になって靴紐《くつひも》上手に結べるようになったと思うの。それって、結び方を〝学習〟したってことなの？　それともただ習慣になっただけ？　それとか、私アイスクリーム大好きでしょ。「大好き」は学習することなの？それとも「大好き」は覚えなくても「大好き」なの？　教えて、どっち？」

父「おてんばのお前が靴紐をうまく結べるレディーに近づいてパパはとても嬉しいよ」

娘「まじめに聞いてんのよ、私。レディーなんて知るもんですか！　でも、こういう話パパ得意じゃなかった？」

父「得意ってわけじゃないが、関心があるのはほんとかな」

娘「どうしてパパはそんなことに関心があるの？」

父「〝学習〟や〝習慣〟に関心があるのはね、実はそれがコミュニケーションの問題だからさ。

心理や教育の問題と考えてる人が多いけれど」
娘「学習や習慣がコミュニケーションだってどういうこと？　よくわかんない」
父「うーん、お前は学習って何なのか考えてみたことあるかい？　少しは考えてみてもいいだろう。だってお前たちが学校でしてることは、おしなべてこの〝学習〟ということなんだから」
娘「そんなことないわ、パパ。昨日一年生が運動場で足をすりむいて泣いてたの。それで私その子を保健室に連れて行ったわ。それって親切でしょ。先週なんか給食のおばさんたちのお手伝いしたのよ、私たち。そういうの、ほら、ボランティアって呼ぶでしょ！」
父「わかった、わかった。それらを学習と呼ぶよりは、「親切」とか「ボランティア」と呼ぶほうがふさわしい――そう言いたいんだね。そうすると読み書きや算数が学習で、あとはクラブ活動になったり、ボランティアや、集団下校になったりするというわけだ」
娘「そうじゃないの？　パパ」
父「それは間違っていないさ。ただパパが言っていることとお前の言っていることは抽象の度合いが違っている」
娘「何のこと？　そのチューショーの度合いって？　パパはまたすぐ難しいこと言って私を煙に巻こうっていうの⁉」
父「いやいや、そんなのじゃない。パパは学習という言葉を学校の教科だけに限って使いたくないんだ。動物が匂いから何かを察知することも、植物が光に反応することも、機械が信号を受信することも、全部含めて学習と関係がある。つまりね、有機体や組織が新たに情報を得てそれに反応することを学習と言いたいんだ」

娘「でもそれって、わざわざ学習なんて言わなくてもいいんじゃないの？　パパがよく言うコミュニケーションってことでしょ。学習なんて言わないでコミュニケーションって呼んだらいいと思うわ」

父「そこがポイントさ、この話の」

娘「じれったーい！　どうしてコミュニケーションが学習と一緒になっちゃうの、パパの頭の中は？　だって私たちが学校で習う国語や算数と、こうしてパパやお友達とお話しするコミュニケーションとは全然違うじゃない！」

父「まあ落ち着いて、キャシー。たしかにお前の言うように先生から教科を教わること、それとお友達と会話することは違うよ。お友達との会話のほうが断然楽しいはずだ。でもね、あるところに立ってそこから眺めてみると、二つの間には共通点もあるんだ」

娘「わかったわ！　あるところって高層ビルの屋上か何かでしょ。そこから下を眺めると、歩いている人はみーんな蟻さんみたいに見えるわ。でも下に降りてきて見れば、一人ひとり顔も違えば着ているものも違うもの」

父「まあいいだろう。そういうのに似ているかな。だから……」

娘「だから、パパは遠視なのね⁉　老眼というか。目が悪いとどうしても近くが見えにくくなるのよ」
父「そういう話に持っていっては困る。遠視だから遠くが見えないわけじゃないぞ。サイエンスでは、〝視点〟とか〝立ち位置〟と言ってね、ある視点を採用することで……たとえばお前が怪我した一年生にほどこした親切だが、お前やクラスメートから見ればたしかに「親切」かもしれない。だが校長先生から見たら下級生を助けるという「指導」がうまくいっている証かもしれないよ。嬉しい証として。そんなとき校長先生ゼッコウチョウさ」
娘「ヘンなおやじギャグ！　でもそういうことね、パパの言いたいのは。それなら子どもの独立心を養いたいと願ってる男の子の母親は私のしたことを見て「おせっかい」と思うかもよ……そんな視点なんて悲しいわ、私」
父「視点や立ち位置を変えることでわれわれが自由になることだってあるんだよ。たとえば、自分の子どもの発達が遅いとしよう。育て方が悪いとか言われて自分を責めるお母さんがいる。しかし、その子がもし自閉症と診断されれば、育て方の問題ではなかったとわかる。〝育て方〟から〝病気〟へと立場が移行したことで新しく見えてくるものがあるんだ」
娘「……」

†

娘「私たち何を話してたかしら、パパ？」
父「——話が広がっちゃってすまなかった。要はヒトや動物がするいわゆるコミュニケーションは視点を変えれば学習のプロセスとして見ることができる、そう言いたかったんだよ」
娘「パパがそう言いたいってことはわかったわ。でもなぜそうなるの？　ちゃんと小学生にもわかるように説明してくれなくちゃ。私のした親切がおせっかいだなんてそんな視点なら私いらないもん」
父「善意でしたことを歪めて取られたらパパだってくやしい。だが、立ち位置や見ているところが違うと、物事は違って見えてしまう。そいうこともわかっていい年頃だと思うよ」
娘「それって私の見方が間違ってるってことなの？　いつも校長先生の見方が正しくって？」
父「違う、違う。どちらも正しいってことさ。どこから見ても、どの席に座って観ても舞台は舞台だ。覚えてるかい？　ちょっと前、パパと『ライオンキング』を観に行ったじゃないか。ぼくらは高価な席は買えないので後ろのほうで観たね。前のほうの席から観たのが『ライオンキング』で、後ろの席から見たのは『ライオンキング』じゃないなんて、おかしいだろ？　どちらも立派に『ライオンキング』だ」
娘「でも、パパ、前の席のほうはもっとよく見えて、それに俳優さんが近くにいてわくわくするわね、きっと」

父「そうだろうね。それでも『ライオンキング』は『ライオンキング』さ。一方はそうじゃないとは言えない。それに同じステージを観たとしても、後ろと前とではすこし違ったものを見ている。近くにいるから見えるものもあるが、お前の席からは舞台の配置や聴衆の反応や、前では見にくいものが見えたはずだ」
娘「私、前のほうで感激して泣いてる人がいたの見えたよ」
父「そう、それさ。ある位置から決して見えないものが、他の位置からはよく見える。サイエンスも同じだよ。ある視点からでは観察できないことでも、ほかの視点からは観察しやすいんだ」

†

娘「ふーん。でもなぜそれでコミュニケーションが学習なの？」
父「お前には、コミュニケーションという言葉の説明がちと足らないのかもしれない。お前にとってコミュニケーションといえばポーリーンやゼルダと楽しくお喋りする、そういうことだろう？」
娘「そんなことないわ、オウムだってお喋りするもの。学校でオウムを飼ってて、みんなそのオウムとお喋りするもの、ヘンなお喋りだけど。それだって、コミュニ……あ！　今オウムで思い出した。この前パパとヨセミテにキャンプに行ったじゃない。その夜の帰り道、こちらのヘッドライトの光を見つめて目の前に立派な鹿が立ってたでしょ、大きな角をもった。あれ見てパパはオーッって声を上げたの、思い出した？ あのときの鹿の目、「ここはオレの土地だぞ！」ってたしかに言ってた気がしたわ。そういうのが伝わってきた。それだってコミュニケーションじゃないの、パパ？ ちゃんと何かが伝わったんだから。どう？」

父「いいこと思い出したね、キャシー。そう、道のスロープを上がったとき、みごとな雄鹿が現われてこちらを見つめた。光を浴びて暗闇に立ってたから驚いた。目が輝いていたのをよく覚えてるよ。で、お前はその雄鹿から何かの情報を得た。この場合「ここはオレの土地だぞ」というメッセージを受信したとする、正しいかどうかは別として……。情報が伝わることはコミュニケーションだが、同時にお前はその新たな情報を得て何かを知るに至る、つまり何かを学習したことになる」

娘「なーんだ、それだけのことなの、パパが言ってるのは。「知ること」は「学習すること」だってことが言いたいだけ？ それなら私にだってわかるわ。そんなの当たり前だもの」

父「そうか。簡単か？……しかしね、情報を得るといえば、実験室のネズミだって、海中のイワシの大群だって、ゾウリムシのような原生動物だって、何らかの情報を得て動いている。もちろんコンピューターもだ。そういう諸々のものがコミュニケーションと学習の範疇でくくられるとしてごらん。これは大変なことだとパパは思うけど」

娘「どこがどうタイヘンなの?」

父「だって考えてごらん。ネズミで実験する心理学や魚や原生動物を研究する生物学やコンピューターを扱う情報科学や、みなそれらをコミュニケーションの視点から統一的に見ることができるということがさ」

娘「ふーん、それのどこがタイヘンなのかよくわかーんない。それよりそんなにまわりが学習だらけだったら、どうして私たちだけ学校に行かなきゃならないの? ゾウリムシは学校行かないでしょ」

父「白状すると実はパパも学校は好きじゃなかった。でもイワシやゾウリムシは作文したり、九九を覚えたりしなくていいからね。人間にはある程度のまとまった知識が生きてくために必要なんだ。動物の赤ちゃんは見よう見真似でエサの捕り方、食べ方を学習してしまう。だが人間は字を覚えたり計算ができないと生活に困ることが多い」

娘「学校で教わらないことでもいっぱい大切なことがあると思うんだけど、パパ」

父「そのとおり、お前の場合ナイフやフォークの使い方はうちで練習して覚えたね。こう持つんだ、こう切るんだってまわりに教えられながら。靴紐がうまく結べるようになったということも立派に学習の結果さ、試行錯誤しながら覚えた」

娘「ふーん、学習っていってもいろいろあるのね。じゃあ、ゾウリムシは学校に行かなくて何を学習してんの？　何をじっさい知ってるの、パパ？」

父「まさか靴紐の結び方を知ってるわけではない。そうだな、ゾウリムシは沼や池で暮らしてるから、まず泳ぎ回ってる。体中にある細かい繊毛を使って。単細胞なんだが移動は得意なんだ。障害物に当たったりすると毛の運動が逆転して、進む方向を反転させる」

娘「それがどうして学習なの？」

父「本能だといって済ませてしまえば、それまでさ。しかし、単細胞ではあっても何らか組み込まれたプログラムをもとに一方では障害物から遠ざかり、他方ではエサになる細菌に近づこうとする。その場その場で動きを決められる動物なんだ。それはその細胞が場と一体となった知識をもっているからだよ」

娘「場と一体となった知識⁉　それがゾウリムシの学習なの？」

父「そう、生存（survival）に直結する知識だね。つまり障害物や危険に会うと上手に後退遊泳して遠ざかる。さっき言った繊毛だが二万本もあるんだ——体の使い方に関する大切な知識さ。そして、その遊泳もやっていくうちにかなり上達する」

娘「初心者がだんだんうまく泳げるようになるみたいに？」

父「そう、靴紐がだんだんうまく結べるようになるみたいに。それは、いったん学習したことをさらに学習するからなんだ」

†

娘「学校で教わる教科とはまったく違う知識ね。それって原始的な知識でしょ。やっぱり小数点やフランス語を習ったりするほうが偉いの、パパ？　ゾウリムシのも知識は知識かもしれないけど……」

父「後退遊泳が学校で学ぶことより下等だとパパは思わないね。ゾウリムシが敵を避けるのもお前が靴紐を結ぶのも、どちらも学校では習わない。しかし生きていくためには必要な知識だ。こういう生存（survival）に直結する知識が下等なわけがない」

娘「じゃあ、反対に生存を危なくする知識が下等なわけ？　正しくないってわけ？」

父「うーん、そういうことになるかな？　でも難しいところだな、それは……」

娘「どうして難しいの？　さっき見る位置が違ってもどちらも正しいって言ったのパパじゃないの？」

第2部

学習理論

第4話　一九七七年九月、サンフランシスコ——論理階型《ろんりかいけい》

　ぼくがサンフランシスコの大学に移ってからすでに一年が過ぎていた。「アメリカでもっとも寒いところは？」「アラスカでしょ？」「いえいえ、夏のサンフランシスコ」という言い草がある。カリフォルニアの大地が照りつける太陽に熱せられ、陸を吹く風に肌は焼けてきそうな感覚にあるとき、この周辺だけはあたかも魔法にかかった霧の街だ。八月、海からの冷たい空気に乗って霧がサンフランシスコ湾にだだーっとなだれ込む。熱い大陸をドライブしてオークランド・ベイブリッジを渡りやっとの思いで街に入った観光客は、「こんな寒いとは知らなかった」と言わんばかりに、さっそく持っていたトレーナーで身を包む。そんなサンフランシスコの街は、ややもすればテンションの高くなりがちなぼくにとって、いくぶん気分を鬱的（ストイック）にさせることで勉学に向かう手助けとなった。

　グレゴリー・ベイトソンの名前を聞いたのはその頃である。彼の主著『精神の生態学』が出版されてまだ四、五年。大学院生の間で、何やらすごい本が出たということは聞いていたが、ぼくのまわりに誰も読んだ者はいなかった。ところが、この本を教科書とする大学院生用の授業が出現し

たのだ。「セミナー・オン・グレゴリー・ベイトソン」と題され、キャロル・ワイルダー教授（コミュニケーション学）によって開講された。ぼくはそのときはじめて *Steps to an Ecology of Mind* こと『精神の生態学』の原著を手にした。大学のブックストアでペーパーバックで売っていた、三ドル九五セントで。紙質はよくなくて版は小さいものだが分厚かった。この「三ドル九五セント」がその後の人生を決めた。

今回の『みんなのベイトソン』では、その『精神の生態学』からベイトソンの仕事を代表する学習理論を取り上げようと思う。「学習」という現象に関心を寄せる人は多い。何も受験生に限ったことではないだろう。子育て中の親も、学校の先生も、外国語の初心者も、仕事を覚える新入社員も、何らかのかたちで学習にかかわっている。教育学者や心理学者もまた、専門家として、学習現象に焦点を当てる。私たちが生きていくうえでの中心課題の一つに「学習」がある。しかし、わかったつもりでいるこの学習ということを、もう一度初めから考え直したらどういうことになるか。ヒト以外の広い世界も考慮に入れて「学習」を考えると、いったい何が見えてくるのか。そのとき、ヒトの学習について、生のあり方について、あらたなコンセプトと方法論が生まれるかもしれない。ベイトソンの学習理論では、ヒトばかりか有機体がどのように学習するかを射程に入れ、自然界の進化を念頭に語られる。壮大というべきであろうか。壮大すぎて教育委員会からは敬遠されそうだ（でも教育委員会だって進化するかもしれない）。

それはそうと、学習についての学習がなぜ今さら必要だというのだろう。ほんとうの意味での学習効果を考えるため？　新しい世界を予見するため？　進化の道筋を理解するため？　まあ、いいとしよう。しかしだ、学習とは何なのかを深く考えなくても、すでに「鳴く」の字の書き順や長方形の面積の求め方を子どもに教えれば、子どもはそれらを覚える。教える－学ぶ、そのこと以上にいったい何があると言うのか。

それに、ふだんわれわれが「学習」と言った場合、それには爬虫類も入っていなければ、植物も入ってはいない。トカゲは学校には行かないのだ。学習という現象をヒト以外にも裾野を広げて考える意義は何だと言うんだ？　たしかにこういう意見はもっともだ。学習ということについて再考する意味とは？　その意義はどこにあるのか、ベイトソンの言葉の中に分け入って考えてみたい。そのための時間を少しいただけたらうれしい。

最初にこんな質問を、いや頓知かもしれないが、出してみよう。ふつうに「学習」と聞けば、「学ぶ」「覚える」「記憶する」「理解する」「身につける」などを思い浮かべる。では、「忘れる」はどうか？　これは「学習」なんだろうか。すくなくとも受験勉強にとっては「学習」ではないかもしれない。でも場合によっては学習なのか？　もし「忘れる」も含めた学習理論があったとすると、それはどんなものだろうか。それは実数の世界にいきなり虚数をもってくるような話だろうか。

では、まず入口として論理階型《ろんりかいけい》という考え方から始めようと思う。聞き慣れない言葉だが、これは英語の〝Logical Types〟の訳で二〇世紀初頭にラッセルとホワイトヘッドという数学者たちが言ったことをもとにしている[1]。　論理学や数学から来ているが、「なんで、今さら数学なんだ⁉」と言わないでくださいね。言っていることはとても日常のことなんです。それはいろいろ集まったものに名前を付けることに関係している。

四年二組というクラスを考えてみよう。このクラスには先生と二二人の生徒がいて、その中にぼくの息子、ひろきもいれば、その他にしゅんすけも、まいも、さとしもいる。みんな四年二組だ。でも、ここでちょっと注意。ひろきも他のクラスメートも四年二組の生徒（メンバー）ではあっても、「四年二組」（クラス）そのものではない。あったり前です。近所の友達に向かって「ぼく四年二組だよ」と言ったとしても、そのクラスの「メンバー」だということが了解される。レストランの注文で「わたしスパゲッティ！」と言っても、「わたし＝スパゲッティ」とは誰も思わない。これと同じことだと思えばいい。これをもし混同するとめんどうなことになる。

個々のメンバーとそれをまとめたクラスとでは抽象の度合いが違い、このことを論理階型が違うと言う。一人ひとりの生徒（メンバー）は四年二組（クラス）ではない。つまり、構成員の集合はクラスを形成するが、それはクラスそのものではない。目の前の腰掛けは、「腰掛け」と名付けられたクラス――カテゴリーと言ってもいい――に属する個性をもった一つの構成員なのだ。したがって、「言葉」はそれが指し示すところの「モノ」ではない。Map is not territory（地図は土地ではない）[2]という言い方は、これと同じことだ。

そんなことわかりきってる、という返事が聞こえてきそうだ。ではたとえば「協調性」を考えてみようか。四年二組の担任くりき先生は、ひろきの協調性のなさを嘆きながらも、あれこれ言葉をかけて、他の生徒と「同じテンポで着替えやかたづけができる」よう指導している。協調性を構成するものとしては、そのほかにも「人の話が聞ける」「みんなの掃除に参加できる」「多くの生徒と遊べる」などがあるとしよう。

その際、ある種の刺激が、つまりある種の言葉がけが、ひろきが掃除に参加する回数を増やしたとする。しかし、その言葉がけが「協調性」を上げたというのには論理上に無理がある。その言葉は掃除の回数を増やすことに貢献したが、協調性を上げたとは言いがたい。「掃除への参加」と「協調性」とでは論理階型が異なるからだ。

日常生活ではそんな混同などしないよと言われるだろう。が、こと専門家の話になるときに怪しくなる。実験ネズミにおける「探求」という行動（行動カテゴリー）は、ネズミが奇妙な物体を次々と詮索する（行動項目）ことだと解釈されるとすると？　ある種の刺激（あるいは条件）がネズミの探求の頻度を上げる、といった論理の過ちをおかしてしまう。

どこが過ちかって？　ネズミはそれらの物体が危険かどうか確かめるために情報収集の回数を増やすかもしれないが、探求という行動カテゴリーつまりクラスの頻度を上げているわけではない。もし探求が頻度で数えられるのなら、探求は実験者が言いたい行動カテゴリーではない。もし、哺乳動物の特徴として「探求」が行動カテゴリーであるとすれば、行動項目つまりメンバーに関する観察は「探求」については成り立たない。計っているのは行動項目であって行動カテゴリーではないのだから。

これらは論理階型が異なるものを混同するところからくる矛盾のことを言っているが、反対に、矛盾した論理に直面するとき論理階型の問題が表面化する。抽象のレベルが違う事柄を並列には扱えないぞ、という警告と考えたらいい。

「かごの中にはリンゴ二つ、ミカン四つ、それにフルーツが一つ入っていた」がヘンなのは了解していただけるだろう。しかし、これが教育者、研究者など専門家の言葉遣いになると、ついついわれわれはだまされてしまう。

さて、これでベイトソンの学習理論の入口に立った感じだが、一つ付け足すと、論理には時間のファクターが入っていないのだ。「AとBは同じ」というのと「AとBは違う」というのは、論理上は矛盾する。ところが、人生上では二つの間は、矛盾というより、行ったり来たりになる、つまり「揺れ」に変わる。時間が入ってくるからだ。ぼくにとっても「アメリカに来たのは正しかった」と「アメリカに来たのは正しくなかった」は毎月のようにゆらいでいたからだ。

人生は出口の見えない「揺れ」かもしれない。サンフランシスコにいた頃のぼくは不安神経症で、揺れる船に乗っていたのか、それとも自分で作った揺れにみずから船酔いしていたのかわからなかった。それをつきとめようと二つの間でまた揺れた。揺れの上に「揺れ」があった。これでは果てしない。ベイトソンの本に出会ったのはそんな頃だった。

註

1 バートランド・ラッセルとアルフレッド・N・ホワイトヘッド二人による『数学原理』（*Principia Mathematica*. Cambridge : Cambridge University Press, 1910）の中に Logical Type（論理階型）の話が出てくる。ベイトソンはここからヒントを得ている。

2 「地図は土地ではない」（Map is not territory）は、一般意味論（General Semantics）の創始者アルフレッド・コージプスキーの言葉として有名。主著は *Science and Sanity*（NSW : Science Press, 1941）。

第5話　ゼロ学習——コンピューター、ネズミ、人間

あらゆる現象はコミュニケーション（情報伝達）の〝法則〟に従って動いている、とベイトソンは言う。ぼくは当時この言葉にびっくりした。私たちの知覚、思考、学習にはじまり、体内の神経生理と内分泌、そして細胞から高等生物に至るまでの成長と進化が、さらにはシンプルな機械から精密な電子機器に至るまでの変化のすべてが、そっくり、コミュニケーションという世界の中の出来事でありその原則に従って動いている。ぼくはこのことにびっくりしたのだが……そんなに驚くにはあたらない？

すべてがコミュニケーションだと言ってしまえばそのとおりさ。それに、そう言ったところで、それが何だって言うんだ？　どっちみち、小学生は読み方や九九を習い、大きい子たちは語学も習う。教育はそういうものだ。

ぼくも長い間そう思ってきた。ちょうどそんな頃だ、ある印象的な出来事に遭遇した。ベイトソン・セミナーを担当したキャロル・ワイルダー教授がある日授業のあとぼくのところへやってきて聞いた。

「ナオキ、聞きたいことがあるの。ヒデのことなんだけど、彼についてあなたどう思う？」(Naoki, I have a question. You know Hide, don't you? What is your opinion about him?)

「どう思うか、ですか？　よく知ってますよ。ヒデさんはとにかく博学で何でも知ってるから、ぼくら日本人（留学生）からはすごい尊敬されてるんです――社会人やってたし、知識の幅がめっちゃ広くて」（Opinion!? I know him very well. Hide knows many things so well, and is respected a lot among the Japanese circle...he's had some business experience and he has a wide-scope of knowledge.)

「あっ、そう！　でも私は問題感じてるの。彼は大学院には向かないんじゃないかって。考えをまとめて自分で組み立てられないし、オリジナリティを感じないというか」（OK, but I have a problem with him. I don't think he is suited to do graduate work. He isn't capable of putting ideas together ; I don't sense much of his originality.)

「オリジナリティ？　どういうことですか？」（Originality? What do you mean?)

「大学院ってのは、何か新しいこと、オリジナルなことをするところよ。知識だけ幅広くたくさんもってたって、そんなのカウントされない。誰もやってないことを新たにやるところなんだから」（Well, in graduate school, you have to come up with your own idea which is new and orignal. No matter how much you know about the existing knowledge, it doesn't count. You're gonna have to do something different than what other people have already done.)

キャロル・ワイルダーのこの言葉を聞いたのはずいぶん昔のことである。でも、この言葉はぼくの胸にヴィヴィッドに残った。それは、学習するということの意味を考え直す機会になったからだ。彼女の言う「学習」とは、研究と言ってもいいんだが、たんに知識を増やすことではない。知識をまとめてそれを「自分なりにくること」を指している。そうしないと新しいものは生まれない。「自分なりの（ユニークな）くくり方」は一種の構築物でもある。それを新たに一つ創り上げること、それが学習なのだと。

（ここからもう一つの声が加わる）

おい、これはどっかで聞いた話に近いぞ。習ったことを〝メンバー〟として集め、それらを囲って、つまり〝クラス〟にしてそれに名前を付ける。そう、前に出てきた論理階型じゃないか。

いいだろう。では、そういう点も考慮して、学習ということを今から考え直していくとしよう。

そのとき何をスタート地点にすればよいのだろう？　学習ということのもっとも底辺にあるもの、それはいったい何だと思う？　それは、ベイトソンの言葉にあったように、学習も一種の情報伝達（コミュニケーション）であるということ。これ以外に出発点はないだろう。

ほんとか？　それ以外にはないって？　学習がコミュニケーション、情報伝達でない場合はないのか？　自分ひとりで何かを覚える学習も？……やはり自分が自分に対しての情報伝達と言えるしなー。わかった、ここは譲っておくとしよう。

では、情報伝達がもたらすこととは何か？　それは、何らかの「変化」（change）をおこすことだ。情報量の変化か、情報の読み方の変化か、行動への新たな影響という点での変化か、あるいはどれだけ情報をもらっても変わらないぞという信念を強めるという意味での変化か——何にしろコミュニケーションにさらされ何らかの「変化」をおこす。

それはいいが、いったん「変化」と言ったからには、これ人間に限ったことではないだろう——気温は上がるし、車も位置を変えるし、パンは焼けてトーストされる、時計の針だって位置を変えっぱなしだ。われわれは「変化」の中にいるようなもんだ。もし学習に「変化」が基本としてあるんなら、変化という現象を扱う他分野と共通言語が共有されていなければならないじゃないか。

そうだ、そのとおり。たとえば、物理学で扱う物体の運動を考えてみよう。そこには「静止状態」「一定速度」「加速度」「加速度の変化」というように変化のレベルが上がって（変化して）いく。つまり、「変化についての変化」が想定される。これをタテの階層構造で考えると視覚化しやすい。

「変化」は、したがって、パンの焦げ具合のように単純に白から黒へと変わる「状態の変化」（change of state）だけではない。パンをトーストする「しかたの変化」が別のレベルにある。たとえば、「トースターで焼く」から「オーブンで焼く」や「フライパンで焼く」などへの変更など、つまり運動や行動の様式の変化がある。これは状態（state）の変化に対して、モードの変化なので「行動様式の変化」（change of way of behaving）と呼ばれる。「変化」の上に「変化のプロセスの変化」がある。これを前言ったタテの階層構造として見ようというのがベイトソンのアイデアなんだ。[1]

ははーん、そこで論理階型がかかわってくるって言うんだな⁉　何となく、見えたぞ。しかしだな、なぜタテなんだ？　ヨコだっていいじゃないか？

ヨコだっていい。でもヨコでも同じことになる――上位のものが左から右にと階層を移行するだけならば。おそらく、君の言いたいことはそうじゃないだろう。上位の何かが下位の何かを含むというような階層構造で考えるんじゃなくて、それらを水平、並列で考えてもいいのでは、という疑問じゃないだろうか。

いいこと言うじゃないか、そういうことなんだ。何かが何かの上っていうのが気に入らない。

もちろん水平に考えてもいい。ただ、それは違った理論になるだけだ。ここでポイントは二つ。一つ目は階層構造が何も社会的な上下関係とリンクされる必要はないということ。地上から見れば、太陽は上に位置する、が実際にはそうとも言えない。二つ目、このほうが重要かもしれないが、ベイトソンの学習理論も一つのストーリーであるということ。社会科学の理論はおしなべてストーリー、物語である。精神分析の「抑圧」も政治学の「権力」もストーリーである。それらは言葉で創られたものであって、それが指し示すことのできる実体などどこにもない。そういう広い意味ではあるが、ストーリー、物語なんだ。

〝Imagine there's no heaven〟（天国なんてないじゃない）っていうジョン・レノンのあれか⁉　じゃ聞くが、「権力」とか「抑圧」とかが、なぜそんなに幅を利かせてんだ？　何かいいことがあるからだろう！

「いいこと」とは、わかりやすさだろう。物理学の言葉はわかりやすい――「抑圧」も「権力」も物理的な力、パワーから連想しやすいから。

そこで「論理階型」もそういうストーリーだと言いたいんだな。ならば、ベイトソンの学習理論が絶対正しいなんて絶対言うなよ。墓穴を掘ることになるぞ！

わかった、気をつけるとしよう。

そこで「ゼロ学習」からはじめるが、実験室の動物がブザーに反応することを覚えたとしよう。そのとき一つの学習が完了したことになり、その動物はほぼ一〇〇％「正しく」刺激に反応する。このように反応が一定でお決まりのものでしかない場合を、ベイトソンは「ゼロ学習」とした。習慣として身に付いてしまった学習もこれに当たる。家を出るとき玄関の鍵をかけるのはほぼ自動的だ、初めは意識してやるものだが。習慣化されるため、あとでかけ忘れたかと心配になるほどだ。しかし、ほとんどかけ忘れることはない。ゼロ学習が完了しているからね。

あるいはバイアスや偏見から反応がいつも一定でステレオタイプな場合もゼロ学習だ。「中国」と聞いたらいつも同じ反応を示したり、PTSD[2]におこるフラッシュバックのように何かを聞いたら必ず過去の一場面に引き戻されたり。あるいはまた、小さな男の子は女の子と違い、どうしても動くものに目が行ってしまうが、こういう遺伝的要因からくる生理学的反応もゼロ学習に入る。そしてまた電気製品に見られる単純な回路、たとえば湯沸かしポットなどはプラグにつなげばいつも同じような行動に出る、つまり湯を沸かす。時間や季節に関係なく反応が一定で、電流の流れによって回路の構造が変わることはない。このように誤差がほとんどなく、いつも同じような反応が示される場合がゼロ学習に相当する。

ちょっと聞くが、なんでそれが「ゼロ」なんだ！　何かを学習しているじゃないか。「鍵の掛け方」を覚えるとか「漢字の書き順」を覚えてしまうとかはほとんど習慣化するが、それをわれわれはよく「学習」って言うじゃないか。なんでそれが「ゼロ」なんだ？

こういうタイプの学習をベイトソンはスタート地点に選んだこと、それはつまり命名の問題でもある――「ゼロ」だから「なし」という意味ではなくて。一方、『精神の生態学』の訳者、佐藤良明さんは訳注で次のようなことを述べている。[3] この場合のように、一定になった反応も常時変化する外界への適応ではあるのだが、生物の主体の変化にはまったく噛みこんでいない変化は、やっぱり「学習ならざる学習」として「ゼロ学習」と呼ぶほうが気が利いている、と。

ふーん、うまいこと言うね。しかし、そうなると漢字や九九を覚えるのが「学習ならざる学習」ということになるが、それは学校の先生に対して失礼なばかりか、庶民感情としても「ゼロ学習」

と呼ぶのは受け入れにくいぜ。

その理解だけど、ちょっとだけずれている。ここでいうゼロ学習は、字を覚えていくプロセスを指しているのではなくて、覚えてしまってからのことを指している。田んぼの「田」の書き順をいったん覚えたら、そのあとは反応が正しく一定になる、このことなんだ。間違って覚えてそれが一定になることもあるだろうが。とにかくこの辺りがいつも間違われやすい。

そしたら、それのどこが学習なんだというもとの疑問にまた戻るな。ま、この話にはあとがあるだろうから、ここはとりあえずよしとしてやるが……。そうすると、こういうことか、言いたいのは？　たとえば、「田」の書き順を覚えたら、あとはほとんど自動的に「田」が書けるようになる。その際はすでに学習はストップしていて、佐藤先生のおっしゃるとおり「主体の変化には噛みこんでいない」、したがってゼロ学習であると。

そう、そういうこと。湯沸かしポットの場合も同様で、いったん湯を沸かすことを「学習」したら、その電気回路の構造を変えるというような「主体の変化」には結びつかない。

当たり前じゃないか、湯沸かしポットが自分で回路を変えたら大変だ。お前の言うことは何かへンだ——だまされてるような気がする。つまり、「学習」と言いながら学習でないものまで入れて話すからおかしなことになるんだ。

註

1 変化という現象について理論的に体系化した学問領域がサイバネティクス（Cybernetics）という分野である。自然現象、知覚、情報、あらゆる種類の変化を統一的な言語で考察することを可能にしている。サイバネティクスの基本的な考え方を簡単な図式、数式で説明した Ross Ashby, 1956, *Introduction to Cybernetics.* New York : John Wiley & Sons. は初心者にもわかりやすい素晴らしい本だ。

2 PTSD（Post-traumatic stress disorder）とは「心的外傷後ストレス障害」のことであり、衝撃的な出来事がトラウマとなって心の障害を引き起こすことをいう。

3 グレゴリー・ベイトソン［佐藤良明（訳）］2000『精神の生態学』新思索社 p.419

第6話　トライアル・アンド・エラー――グー、チョキ、パー

そうかな？　では、この辺をもう少しはっきりさせよう。誰でも知ってるジャンケンだけど、上手になることができるのか、どうだろうか。ゲームという観点からあらためてゼロ学習を眺める感じで。たとえばジャンケンが……

おい、ちょっとまて。なんでジャンケンなんだ。おれが言ったのは、学習と学習でないものをごっちゃにしたらおかしなことになるってことなんだ。どんどんヘンなほうに話を広げるな。

ちょっと説明が足りなかった。整理するよ。いったん覚えてしまったり、組み込まれてしまって、そのあとは反応が一定になることをゼロ学習と呼んでみた。そこまでいいでしょ。それで問題は、「学習ならざる学習」であるゼロ学習とそれ以外の学習とでは何がどう違うかということなんだ。そのために少し足踏みになるけど、ゼロ学習の特徴をもう少し押さえておきたいんだ、決定的な違いは何なのかと。

お前もなかなか強情だ。学習とそうでないものとの線引きではなく、あくまで学習を「変化」の観点かなんだか知らんが、広く捉えてその中で分けていこうって言うんだな。それじゃ、なんでゲームが関係してんだ？　ジャンケンは第一ゲームなのか⁉

うん、何回かジャンケンして一番多く勝った人が賞金をもらえるゲームと考えてみよう。手は三つ、グー、チョキ、パーだが、勝とうと思ったらどうすればよいのだろう。パーを出すと勝つ確率が高くなると巷では言われる。それは統計的にはグーを出す人が一番多いからだろう。しかし、よく考えてみよう。それがいい手だとみんなが知ったらどうなるか。チョキを出すだけだ。あるいは、二回続けてあいこのときはそれに負ける手を出すという〝極意〟も、もし相手に知られたら必勝法ではなくなる。結局、グー、チョキ、パーを同じ頻度で出すというのがベストになる。

しかし、ジャンケンに強い奴はいるような気がするがな。特に心理戦になるとうまさが目立ってきて。必勝法はないと言い切れるのか。

断定はできないかも。しかし、ゲームの構造とコミュニケーションの巧みさは別物だと思うんだ。相手の気持ちを読む、なんてことができるかどうか知らないけど、それらはゲームに組み込まれた論理とは別次元のような気がする。ここはゲームの中だけの純粋な数学的フィクションとして考えてもらいたいんだ。

それじゃ、言ってることが矛盾してる。勝とうとするゲームである以上、プレイヤーはいろんな策をそのつど考えながら手を選ぶのだから、心理戦も含めてゲームに決まってるじゃないか。

わかった。たしかに、プレイヤーは今相手の出した手から次の手を予測して、それに勝てる手を選ぶ。それはゲームの構造だけの問題ではない、と。それはそのとおりだ。しかし、もし相手がランダムに出すのがベストだと悟ったらどうだろう。こちらは策を講じれば講じるほど負けがこんでくる。その際は、こちらもランダムに出すのが一番勝ち目が多くなる。これを専門家は「ナッシュ均衡」[1]と呼ぶらしいが、問題はこのロジックでは失敗から学ぶことができないということなんだ。

そうかな？　「ナッシュ均衡」がそんな単純かどうかオレは知らないが、相手がランダムに出すことを選択したとわかれば、オレなら相手がランダムだと思っているその中の規則性を探すね。相手の無意識には規則性があるかもしれん、フロイトじいさんが言ってたようにな。

ランダムに出すというのには、「ランダムにしようとする意図」という規則性があるということね。君、論理階型のことよくわかってるね。そう、そこなんだ。もし、今君が言ったように相手のランダムについて何か学習することができたなら、それは「ランダム」を覚えた（学習した）ことについての学習であって、もうそれはゼロ学習ではない。

ややこしいな。何が言いたいんだ。

つまりね、ベイトソンが言うゼロ学習というのは、もしプレイヤーが「ランダムの中の規則性」を探さない存在だったら、もっと言うと、プレイヤーの出す手が計算できる範囲に留まるものならば——電気ポットのように——、そこには「しくじり」から学ぶという試行錯誤（トライアル・アンド・エラー）は存在しないということなんだ。

それは人間が計算上の存在であると仮定したらという話だな。言っとくが人間はそんな単純な存在ではな……いや待てよ、役所の対応ときたらいつ行ってもおんなじように紋切り型なことしか言わないな——「お役所的」というのか知らんが。ファーストフード店に入るとマニュアルどおりの言い方をオウムみたいに繰り返す店員によく会う。が、ああいうのは要するに電気ポットみたいなゼロ学習ってことか？

クレヨンしんちゃんなら「そうとも言う」と答えるかも……。しかし、役所とファーストフード店はちょっと横においといて、考えてみたいのは、「失敗」（エラー）や「しくじり」の意味なんだ。ジャンケンで相手が出す手の規則性がまったく読めないとした場合――コンピューターにやらせたりしてね――その場合こちらは「失敗」をおかすことができない。つまり、あれこれやって試行錯誤したところで、失敗から学ぶことはできないはずさ。

それって、「失敗」や「しくじり」という言葉を勝手にそう使っているだけだろうが。ランダムに出してジャンケンに負けたときだって、負けは負けだ。それは、立派なしくじりじゃないのか。

そう、だからベイトソンはここで〝error〟（エラー）という言葉を一定の意味で使っている。さっき言った「トライアル・アンド・エラー（試行錯誤）」から学べるかどうかが基準になるような。でもそう使うことで、「エラー」を起点にして学習一般について話を進めることができそうなんだ。たとえば、相手がランダムにグー、チョキ、パーを出しているのを忘れて君が予想をかけたとしよう。そのうえで負けた場合、君はその手が「しくじり」であったことに気づく。だが、その失敗からジャンケンの技能向上に貢献できる知識は見つからない。

ランダムに出すべきだったという気づきはどうなんだ、それはある程度の技能向上に結びつくぜ。

勝率から考えてランダムに出すという作戦に出て、その勝率をキープするためにこの先も同じことを繰り返すのなら、さらに上へというふうに腕は上がっていかない――ゼロ学習の理論上ではね。

ということは、ゼロ学習ってのは、要するに論理階型が一つだけであって、おんなじレベルの中をぐるぐる回っているやつのことを指して言ってんだな。

すごいね、その洞察。でももうちょっといい言い方にしたいな。ジャンケン中のプレイヤーにはいろんな情報が行き交う。「今チョキを二回出したな」という情報もあれば、その出す動作が「いつも緩慢だ」という情報だってある。実はいろんな論理階型に属した情報があるにはある。むしろここで押さえておく点は、いくら「緩慢な」プレイヤーであっても、グー、チョキ、パー以外に、たとえば「指三本」などという手は出せないということなんだ。出せる手は三つ以外にはなく、計算可能な範囲にしか結果はないということ。

じゃ、やっぱり論理階型は一つってことじゃないか。

ごめん、そうなんだけど、それが、手は三つしかなく、勝ち方のパターンはこれこれと決まっていて、それらが計算の範囲でしかないというルールとしてくくられている。いろんな勝ち方を「メンバー」、それらをくくるルールを「クラス」と考えると、そこには少なくとも二つの論理階型がかかわっていることになる。だから厳密に言えば、論理階型が一つという言い方よりも、論理階型が決定されていてそれ以外にはならないと言ったほうがいいのかなと。

理屈っぽい野郎だ。ま、そうしといてやろう。じゃ、そこで「しくじり」から学べないような学習のことをゼロ学習って言いたいんだな。

同じようなところをぐるぐる回っているぼくらの会話がなんだかゼロ学習に思えてきたね。

註

1　ナッシュ均衡／数学者ジョン・F・ナッシュが考案した非協力ゲームのモデル。参加者全員がそれぞれ最適な手を選択しその戦略を変更する動機が見つからないときに生じる安定状態。

第7話　学習Ⅰ――親切なライオンは実在する!?

では「トライアル・アンド・エラー」からもう一度説明するよ。日本語に直せば「試行錯誤」ということになるし、専門的には「ストキャスティック」（stochastic）という言葉がこれに当てられる。トライアル・アンド・エラーによって誤りが修正できない学習、あるいはそこで止まってしまった学習を「ゼロ学習」と定義してきたね。なので、次はトライアル・アンド・エラーによって誤りが修正されていく学習を取り扱うことにしよう。

そうか、学習には、トライアル・アンド・エラーができない学習とできる学習との二種類があるということだな。ふーん、わかってきたぞ。

残念ながら的外れ。トライアル・アンド・エラーは何を修正する？　エラー（失敗）だよね。もしエラーの修正ならば、その「エラー修正」についての修正もあるはずだ。そして、「エラー修正の修正」の修正も、ないとは言えない。そう考えて、論理階型をもとに、学習の構造をヒエラルキーでもって秩序づけることが可能になってくる。

わかる気もしないでもないが、なんだか雲をつかんでるような気分だぜ。そういうの、なんか図式的に表現できないのか。

そうね、たとえばある枠の中に、○、△、□がバラバラにあったとしよう。その枠の中では、○が正解であって、△、□は誤りだということを発見したとする。これは試行錯誤による結果で、この学習プロセスを「学習Ⅰ」と考えたらいいだろう。次に、○、△、□を入れているこの枠、これを仮に「A枠」と呼ぶけど、枠だってほかにあるかもしれない。B枠、C枠、D枠、など。そこで、学習者はA枠から選ぶことが間違いだとわかったら、A枠以外から正解を見つけようとするだろう。つまり、同じA枠内で○、△、□という選択肢から正解を求めている場合と、枠という集合自体を選択肢にする場合とでは、論理の階梯が違う。前者が「学習Ⅰ」だとすれば、それに対する後者は「学習Ⅱ」ということになる。

そういうことか。ならば当然、「学習Ⅲ」も想定されるってことか。そして、しまいには、Ⅳだの∨だのと無限に行くんじゃないか。こんな話が何の役に立つって言うんだ、いったい？　ま、不満は後回しにしといて、一つ聞こう。A枠以外の枠に移るのはいいさ。しかし、正解は○であるものの、他の枠の中、たとえばC枠にも◯がメンバーとして含まれていたとする。正しい枠がC枠だとしても、他の枠つまりA枠にも◯はあるとしたら、これを選択の間違いと言えるのか、どうなんだ？

いいところを突いてきたね。正しい選択肢を間違った集合（枠）から選ぶということはあると思うよ。その場合、「正しいけど間違ってる」「間違ってるけど正しい」という感じだね。そうなると「迷い」や「行ったり来たり」や「矛盾」（パラドクス）を作り出すので厄介だ。今思い出したんだけど、ロサンゼルスでホームステイしてたときのこと、ぼくはミセス・ニネマンという八〇歳近いおばあさんの家に住んでてね、出される甘いデザートがいつも苦手だった。そんなときミセス・ニネマンはよくこう言った、〝Naoki, sugar is good for your health. It gives you energy〟（ナオキ、砂糖は体にいいんだよ。エネルギーになるからね）と。甘ったるいケーキを好まなかったぼくはちょっと複雑。だって、砂糖の取り過ぎはよくないに決まってる。しかし、一方で砂糖はすぐに燃焼し、エネルギーに変換され元気をくれる。ミセス・ニネマンはラテン語を専攻したほどインテリだったが——何が言いたいかっていうと、短期的という枠で正しいものが、長期的という枠では正しくない場合がある。こういう「間違い」（エラー）はまったくの「間違いではない」ので、「行ったり来たり」しつこくいつまでも付いてまわることがある。

ふーん、そんなもんかなー。オレがこれまでのところわかったのは、学習Ⅰっていうのがゼロ学習より論理階型が上がったものだという程度だ。それで結局、何を学習Ⅰは指しているんだ、具体的に教えろよ。

ここはベイトソンの思考方法（how to think）をぼくらも追体験していくことがいいと思う。最初に出した物理学からの比喩で定位置からの移動（変化）が物の運動だったように、ゼロ学習から試行錯誤という変化が加わったものを学習Ⅰに当てるとしよう。するとその際、時間がかかわってくる。ある時刻（t1）では反応の変化がなかったものが、次の時刻（t2）ではある反応へと変化していたとすれば……このような反応の変化、ここではこれを学習と言いたいんだけど。

そんなこと言ったら、何でも入ってくるぜ。反応の変化なんだから、ネズミだろうが、細胞だろうが、機械だってある程度そうだし。そんなに話を広げて大丈夫か。日々の学習と何ら関係ない話になるんだったら、そんな「学習」は空中分解したも同然だ。メリットがよく見えん！

ここは、いささか辛抱願うよりほかない。これが空中分解するか、それとも新たな学習の視座を獲得できるかは、ぼくたちの会話次第だ。

いや、お前の説明次第だ。

そうとも言う。この学習Ⅰに当たるものをいくつか例として挙げれば、イメージしやすいと思うよ。たとえば、気になっていた電車の音がだんだん気にならなくなる。これは「慣れ」の現象で、こういう変化は学習Ⅰと言っていい。「慣れる」のは、試行錯誤して何かを獲得していくことだが、これは高等動物はもちろん、細胞もここまでの学習ならするらしい。そのほか、九九を丸暗記で覚える、ブザーに反応するようになる、痛い目にあって避けることを覚える、などなど、いわゆる心理学実験で言うところの学習はだいたいこの「学習Ⅰ」に当たる。

丸暗記して間違いない答えを言えるようになったり、ブザーに一〇〇％正しく反応するようになって、それが固定化すれば、それを「ゼロ学習」って言わなかったか。おかしいじゃないか。ゼロ学習とどう違うんだ？

たしかに。混同しやすいかもしれない。反応が固まって、もうそれ以上変化しなければゼロ学習になる。ところが丸暗記であろうと、習慣化されたものであろうと、さらに速くさらに時間が節約されて、小学生のように発声しなくても暗算できるようになる。そこには熟練の過程が見てとれるわけで、学習Ⅰの範囲でトライアル・アンド・エラーが続いていることになる。そこがゼロ学習との違いなんだ。その点はいい？　でね、この学習Iを説明するにあたって、どうしても触れなくてはいけないものが「コンテクスト」（context）という概念なんだ。

文脈や社会的状況っていうあれか？

そう、「コンテクスト」はものごとがおこったときの状況を指す広い言葉なんだけど、どうしてそれが重要かと言うと、「ある時刻（t1）で反応しなかったものに、次の時刻（t2）で反応するようになった」とするね。そのとき、もしt1に鳴ったブザーとt2に鳴ったブザーとは、時間がずれているため違うブザーだと主張したら、同じ状況ではないことになってしまう。それでは学習の結果とは言えなくなる。

それはどうしてなんだ？

だってこのとき、t1の刺激とt2の刺激とがまったく別物だとしたら、どちらもそれぞれのコンテクストにそれぞれ応答しているだけになる。そしたらそれは「識別」であって「学習」ではない。加藤さんを相手にこう言って、鈴木さんを相手にああ言っただけの話になる。それでは時間に沿った変化とは言えない。t1でもt2でも同じブザー、同じ刺激があったと前提しなければ、ブザーに反応するよう変化（学習）したとは言えないからさ。川の水はどんどん流れているから人は同じ川に二度と入ることはできない。厳密にはそのとおりさ。しかし、それを主張したら学習という考え方自体が瓦解する。

じゃ、その厳密ではないものを前提にするから学習という理論が成り立つってことか⁉　科学の理論がそんないい加減なものを前提としていいのか？

いい加減というよりも、むしろ生物はすすんでそういうコンテクストの再現を前提に生を営んでいると言えないだろうか。シマウマはライオンを見て危険を感じる——どのライオンを見ても。（ライオンという）コンテクストの再現だ。「今朝のライオンは親切かも」なんて思ってたら生存が危ぶまれるよ。

それなら、生物はあえて科学的な真実とか厳密さを犠牲にして「生きやすさ」、大げさに言えば「生存」のほうを取っていることになる。当然と言えば当然か。これは、最近の言い回しの、「ストーリー」や「物語」に通じるんじゃないのか。[1]「親切なライオン」はどっかにいるかもしれんが、それをいないことを前提に世界を理解しているとすれば。生物はそのように自分らが創り上げた「物語」を生きているってことか。

なかなか冴えてるね。そう、そこでベイトソンは、人や生物にトライアル・アンド・エラーを通して何を選ぶのが正しいかを教える出来事（イベント）がコンテクストだと言う。コンテクストとはそういうイベントを指す名称なんだと。これは重要なポイントだと思う。イベントだからその意味は、もちろん普遍的ではない――同じ映画の印象が人によって違うように。生物がコミュニケーションしてつくる〝ストーリー〟だと言えそうだ。

人に迎合するのもいい加減にしろ。よく考えるとちょっとおかしいぞ。第一、コンテクストっていう考えそのものが論理階型を前提にしてるじゃないか。何々についての文脈、状況、背景ってのは出来事を枠づけているんだから、出来事の一つひとつから見ればその枠は一段階論理の階梯が上がっている。

そうだよ。一つ上のレベルがあることで出来事の意味が語れるのだから、論理の階梯（論理階型）を使って学習（という出来事の意味）を捉えることが正しいことになる。ブザーがいつも同じものだと見なされれば、状況（コンテクスト）の再現が了解され、t1の状況もt2の状況も同じ状況と見なされるので、その中味の変化を比較できる。そうすれば、学習したかしないか論じることができるわけだ。が、もし枠が別物だとしたら比較の意味がない。

うーん、そういうものか。

コンテクストは先に言ったように出来事なんだから、どこかにその意味のヒントを与える印が付いている。映画の中で殺人が起きようとしてても、君は携帯を取り出して警察へ通報などはしない。映画の中の話として了解しているからだ。それを知らしめる印のことをコンテクスト・マーカーとベイトソンは呼んだ。映画のチケットだったり座席だったりというコンテクスト・マーカーのおかげで警察は君に煩わされることはない。しかし、ほんとうに通報してしまう人たちがいる。その人たちは統合失調症と呼ばれる。ぼくもちいさいとき、おばあちゃんとよくチャンバラ映画を観に行った、二本立ての。最初の映画で切腹した俳優が次の映画にも出てきて、「どうしてさっき死んじゃった人がまたいるの？」とおばあちゃんに聞いたそうだ。ぼくは覚えていないけど。コンテクスト・マーカーが読めないとこういうことになる。

コンテクスト・マーカーはわからんでもないが、それでいったい何を言いたいのか、話の筋がわからん！

1　註

個人の生き方や生存方法について、観察者や専門家という第三者のストーリーが唯一正しいとは限らない。当事者（本人、その部族、内部の参加者）のストーリーもやはりそれなりの真実である。このようにストーリーや語りの平等性に注目する視点を「ナラティヴ」と呼ぶ。

第8話　リピータブル・コンテクスト——ゴタクはもういい

それは失礼、やや言葉足らずだった。つまり、こういうこと。学習という現象を一種の変化と見るかぎり、それについてのどんな理論も「リピータブル・コンテクスト（コンテクストの再現）」という前提なしでは成立しえない、ということが言いたかった。

何言ってんだ。そんなことないだろ！　たとえばだ、ある人へのはたらきかけが、まずかったと後悔したとする。しかし後になってかえってそれで良かったとわかる（学習する）ことだってある。そういう学習の何がコンテクストの再現なんだ？　何も再現していないじゃないか。

なるほどね。新たに一つの情報を得て、前に学習したことを書き換える。それはたしかに場面の再現ではない。だけど、相手を同一人物だと仮定することでも、やはり一種のコンテクストの再現かもしれないよ。ヒトはじっさいは新陳代謝してるから、福岡伸一さん（分子生物学）も言うとおり、細胞は入れ替わってて厳密には同じ構成物でできあがってはいない[1]。でも名前を付けて同じ人物だと見なしている。

ヘンな話だ⁉　同じ人物だと認識させるのも、やはりコンテクスト・マーカーか。

そう、コンテクストとは状況や場の意味を生物が把握するイベントだった。そして、そのイベントには、その場を読み違えてほしくないために何らかの印が付けてあると。その印のことをコンテクスト・マーカーと呼んだ。近づいたのはキリンではなく危険なライオンだと知らせるものがあるように。ときにはコンテクスト・マーカーがはっきりしない場合もある。そんなときは、こちらから積極的にその場の読み方にヒントをくれるサインを探そうと努める。遠い草むらで動くのは、ただのジャッカルかそれともライオンかと、インパラは耳をそばだてて危険を読む。

わかるが、それで何が言いたいんだ？

そこで前と同じような状況（またライオンが来た）という判断ができたら、今度はもっとうまく逃げられるよう試すだろう。その際、ライオンというコンテクストは繰り返される（リピータブル）と言える。実際は同じ個体のライオンではないけどね。前のコンテクストと今のコンテクストが同じだという前提があって打って出る行動なのだから。

それで学習がおこったかどうかを問題にできるというわけか。そうかー。それならむしろコンテクストの「再現」というより、録音再生のように頭の中で「再生」してるようにも見えるな。ま、それはどっちでもいいんだが。

するとね、次のようなことが言えてくる。イベント（出来事）というのは、絶え間なく流れていく経験を切り取っていることになる——コンサートを聴いて、面接を受けて、海水浴から帰って、というように。実際は分断されずはっきりした区分などなく流れていくものに区切りを付けて「海水浴」と呼んでるわけだ。経験はイベントに分節することで経験になる。そうやって区切ること、言い方を変えれば流れに句読点（パンクチュエーション）を打つことが、生物にとっての意味となり、そのくくられたものが前のものと同じだと感じられたり、あるいは違うと感じられたりする。

そのくらい当たり前で、どうってことはない。それで何なんだ？

もしそうなら、刺激と反応、アウトプットとインプット、メッセージの送り手と受け手などもやはり区切られ方であって、句読点次第ということになる。事実、相互行為の中では、ある刺激はどこで区切られるかによって刺激にもなり、反応にもなる。実験者が「ネズミにある刺激を与えた」

と言うとき、実験者はネズミもそれを「刺激」と見てくれるという前提に基づいている。ネズミに聞けば、「ボタンを押す刺激を実験者に与えると食べ物を出して反応するという学習を実験者がした」と言うかもしれないのに。

それじゃ、あべこべだな。誰が実験されてるのかわからなくなる。で、何が言いたいんだ？

コミュニケーションの世界においては、句読点次第で見方は変わるのだから、行動には不用意に名前を付けられない。それに、コミュニケーションの世界って言うけど、それぼくらの日常そのものでしょ。ネズミに笑われるような心理学をやってちゃいけないと思うんだ。「統合失調症」だって句読点なんだから。

大きく出たもんだ。そういうお前は自分の足下を見てるって言えるのか。あやしいぞ。そこで前からうさんくさく思ってたことがある。論理階型のことだが、これまでの話で、メンバーの一つひとつに対してそれらの集合としてのクラスは、論理階型、つまり抽象の度合いが違うということだったな。それはいい。しかしその際、そのメンバーはメンバーとして数えられるもの、つまりはっきり同定できるものという前提があって成り立つ話だろ。言わばそのメンバーとはデジタルなものなんだ。たとえば、インパラにとって「危険」というクラスを構成するコンテクスト・マーカーが二種類の特定できるサインだとしたらそれでいいかもしれない。しかし、さっきお前は、コンテクスト・マーカーがはっきりしない場合もあると言ったな。そういうときは、意味のヒントを探そうと努めるが、全体の雰囲気みたいなものから「危険」を察知する学習をしているとすれば、それははっきりと数えられるマーカーをもとにしてるわけじゃない。こういう例は人間生活にもたくさんある。そういうマーカーはアナログのままなんだ。

だから論理階型の理論で語るのはおかしいと……

そうさ、そもそも論理階型ではアナログ的なものはメンバーになんかなりえない。だってアナログ的コミュニケーションはメンバーに入る手間など取らずに即「危険」というクラスそのものだからさ。

それは君の言うとおりそうなんだ。君もなかなかいい、こちらも燃えてくる。ヒトのコミュニケーションを構成するものは数字やサインや文字のようにデジタル化されるものもあれば、ジェスチャーや抑揚や匂いのようにアナログ的にだけ伝えられるものもある。それらは混ざり合ってコミュニケーションとして機能する。しかし、あるメッセージが一〇〇％デジタルだとか一〇〇％アナログということはめったにないと思う。デジタル的と思われる「5」という数字が伝えられるとしても字の大きさや字の癖はアナログ的だ。また、話し言葉の抑揚といってもデジタルな言語をもとに発声している。情報理論や論理階型は、コミュニケーションが一〇〇%デジタルであるときもっともその本領を発揮するが、反対にコミュニケーションがアナログ的になればなるほどそのパワーは落ちていく。その意味において君の言うことは正しい。アナログ的なものを含むヒトのコミュニケーションに論理階型がどこまで通用するかはまだ不確定なままなのだ。

それはちょうど情報理論などをもとにしたコンピューターがどれだけアナログ的要素を持ち合わせる人間を分析できるかという挑戦にも似て聞こえるな。コンピューターもプロの棋士を倒す程度には進化してきてはいるが……

そう、だからこのベイトソンの理論も学習を考えていく挑戦（挑発？）の一環と考えようよ。これが最終的な到達点ではなく、思考のツールとしてぼくたちの学習現象を見直していく際の道具として。そこで、ベイトソンが言ってた耳寄りの事実を一つ。それは、ヒトは進化の過程でアナログ的なコミュニケーションから徐々にデジタルな要素を増やしているということだ。直示的でより原初的なアナログなものはヒトの行動面に多く残されている一方、体内の、とりわけ神経系などのコミュニケーションではデジタルなものが中心となっている。将来、ヒトのコミュニケーションのデジタル化はさらに進むかもしれない⁇　生体学的にも行動学的にも。パソコンと携帯の登場によってぼくらの日々の行動もかなりデジタル化が進んだわけだからね。

それは今後のお楽しみだ。お前は次の学習IIの話をしようとうずうずしてんだろうが、それを支える前提の理論が盤石だなんて思わないほうがいいぞ。あやしい一階の上に建てた二階はもっとあやしくなることを覚えておけ。

ありきたりの言い方になるけど、理論と現実はたしかに違う。そこでその溝を埋めようと努める。ここでちょっと話が飛ぶけど、〝ナラティヴ〟(narrative)といって「語り」や「物語」を意識した考え方が出てきたよね。科学の理論はものごとをデジタルに理解しようとするのに対して、ナラティヴはよりアナログ的な理解を可能にする認識論として登場した――ヒトの自然誌に近いかたちのコミュニケーション理論として。そこで、論理階型のようにデジタルな理論が不用になるというのではなく、むしろ数理的なものと自然誌的なものの両者がそれぞれの良さを発揮するように思うんだけど。

何のことかようわからん。学習IIだかなんだか知らんが、もっと実のある話をせい！

ついでに思い出したことを一言。以前ゲーム理論の話をしたよね。ネットで見たんだけど、読書家のセイゴー先生こと松岡正剛さんがゲーム理論の本を読んで、「行為が計算に還元できるときだけがゲーム理論の独壇場」と述べておられた。[2] うまい言い方だなと思った。つまり、ヒトの行為がデジタルな極に近づくほど、ゲーム理論は威力を発揮する。論理階型もそうだろうけど、じっさいヒトはアナログとデジタルの二極の間を行ったり来たりしている。

ゴタクはもういい。さっさとしないとオレは帰るぞ。

註

1　福岡伸一 2005『生物と無生物のあいだ』講談社現代新書

2　松岡正剛 2004『千夜千冊』第一〇七七夜「武田茂夫著『ゲーム理論を読みとく』」ちくま新書

第9話　学習II――幼い子どもと敬虔なクリスチャン

これから学習IIの話を始めようと思うけど、その前にもう一度この理論の構造を確認しておいてい
いい？　まず、ゼロ学習。湯沸かしポットのように、ある刺激（通電）に対して一つの反応（水を沸騰させる）しかしないのがゼロ学習だった。哺乳類の行為でも、状況にかかわらず一定の反応しか示さない場合はこれに当たる。慣れきってしまったり、学習が完了したときがそれであって、トライアル・アンド・エラー（試行錯誤）という過程が存在しない。タイプライターはだからゼロ学習――比喩的に言えばだけど。「T」のキーを叩いても「T」か、せいぜい「t」しか出てこない。ここまでいい？

ああ、まあそうだな。

じゃ次に、学習I。これはトライアル・アンド・エラーの過程を伴う学習を指している。パソコンだとキーの「1」を押すとそれ以外に「一、壱、Ⅰ、①、ｉ」という変換候補のセットが現れる。

この集合の中から学習Ⅰの「Ⅰ」をすぐに出せるようパソコンなりに慣れていく。そういう習慣をつくっていくプロセスが学習Ⅰに相当する。一定の枠、つまりあるセットの中からベストなものを選んでいくように変化すること、これが学習Ⅰなんだ。

……

そして次、学習Ⅱでは――論理の階梯を一段上げて――選ぶものを入れている枠、セットそのものを変更する。たとえば、違うパソコンに代えてみる。すると「1」には右の選択以外にも「❶、⑴」の二つが加えられているとする。その際、前者の（パソコンの）セットから後者のそれへの移行は、ここでいう学習Ⅱに相当する。つまり、パソコンの機種を変えると、一つの集合内でのトライアル・アンド・エラーから集合自体を選んでいくトライアル・アンド・エラーへと変わり、その抽象度（論理階型）が一段上がる。ついでながら、この変化（学習）はパソコンがおこしているわけではないので、パソコン自体は学習Ⅰ止まり、かもしれない。そして、学習Ⅲ……

おい、ちょっと待ってくれ、話が早すぎるぞ。今は学習Ⅱの話をしようっていうんだろ。そう先走りするな。それよりも、わからんことがある。聞いてるとゼロ学習は慣れきってしまったものを指すという。しかし、学習Ⅰでも、習慣をつくっていくプロセスがそれに当たると言ったな。どっ

ちも習慣じゃないか、いったいどっちが本当なんだ⁉

そうだね、思考の糸がこんがらがるのはわかる気がする。そこで基本に戻ってみようか。物体の停止のように、反応が一定で動かなくなった場合、それはどんな学習を達成しようとゼロ学習だった。「1」のキーを押していつも「1」ならゼロ学習。でも、「1、一、壱、Ⅰ、①、ⅰ」という枠の中から最適なものを選んでいく過程、動き、変化のことを学習Ⅰとした。だから一定で動かない反応をやめにして、選択の幅の中から試行錯誤を始めるとゼロ学習から学習Ⅰというプロセスに移行する。そうして次に、試行錯誤の選択の仕方が、セット内でのアイテムの選択からセット間での集合枠の選択に変わり、試行錯誤を始めたときに学習Ⅱがかかわってくる、ということ。

そうすると、学習Ⅰでも Ⅱでも、達成された学習にもし留まりつづけたら、どんな高度な学習もゼロ学習ってことか？

そう、そういうことなんだ。試行錯誤を始めたときが次なる学習へのステップということになるから。

それはあんまりだぜ。ガキが字の書き順を覚えたのも、敬虔なクリスチャンが信仰の高みに到達したのも、そこに留まればゼロ学習ってことになるんじゃ、そりゃ不公平だ。

ベイトソンの学習理論はその内容の高尚さを問うものではなくて、むしろ学習の抽象度の間の関係を問うものなんだ。学習テーマやその意味に関する学問とは違う。「関係性を科学するための認識論」と言ったほうがいいが、そのあたり誤解するとわからなくなる。

もうすでにわからない。「関係性を科学する」と言われたって、なんのこっちゃって感じだ。

ぼくら普通は何かのテーマを扱う勉強をするね、生物とか、歴史とか、言語とか。そこへいくと数学はやや例外かも、関数とかは関係性をテーマにするから。でも、その関係性の中におそらく自分は入ってこない。自分を含めて関係性を科学するには、どうしてもコンテクストという概念とベイトソンが必要になる。

なぜなんだ？

なぜって、学習という現象はコミュニケーション上の出来事だから、学習者というコンテクストも含めて学習だからさ。それは、受験勉強でいう学習とは違うけどね。受験勉強の学習は、何か重要なコンテクストをそぎ落としてしまっただけなんだろうけど。

聞き飽きたから、さっさと学習Ⅱの話に移れ。

わかった、そうすることにしよう。学習Ⅱがどんなときにおこるかといえば、たとえば、水族館にイルカと調教師がいる。イルカは芸を覚えていって、一つひとつ指示に従い、その応答が正しければ、ご褒美のイワシがもらえる。そして「正しく反応したら何かもらえる」という関係（コンテクスト）ができあがる。正しい反応と正しくない反応とを試行錯誤しながら覚えていくのだから、これは？　もちろん学習Ⅰになる。そのイルカのタロウくんが何らかの事情で、鴨川シーワールドから名古屋港水族館へ移ってきた。さあ、新しい調教師に出会ったタロウ。ここでも鴨川でのコンテクスト、つまり正しく応答したらイワシがもらえる、という期待のもとに行動したとしたら、そのとき、学習Ⅱがおこったことになる。

ヘンだな、それがどうしてアイテムを集めた集合枠それ自体の選択というふうに言えるんだ？

タロウは新しい水族館へ来ても、調教師からの芸の指示に同じように応答するばかりか、その経験の連続体も前のときと同じような区切りで理解しようとするだろう。つまり「正しく反応したらイワシがもらえる」という状況下（コンテクスト）なのだと判断する。このことが学習Ⅱだというのは、「名古屋へ来ても同じようなイルカ－調教師の関係が成立するんだ」とわかったからだ。これは、ほかの理解の仕方を退けてその枠（関係性）を選択したことになるので、アイテムを集めた枠の選択にかかわっていると言える。

でも、それが枠を選択しているようには見えんがなー。

こう考えるとわかりやすい。タロウは名古屋港水族館に来て反対に驚く。鴨川のときのように、芸のあとでご褒美がもらえない――応答は正しいらしいが。ここでは、前のような関係性が通用しないことがわかる。名古屋では芸の仕方はだいたい同じでも、イルカ－調教師関係は違っている。すると、鴨川とは違った枠（関係性）をトライアル・アンド・エラーをとおして探しはじめなくてはならなくなる。枠探しのためのトライアル・アンド・エラーをね。こう考えると、鴨川のときと同じように関係性を理解することも、それがたとえ惰性であったとしても、枠がちゃんと選ばれていることが見えてくる。

なるほど、そういう理屈か。わかった。じゃ、イルカはいいから、人間はどうなんだ？　おれたちの生活と学習Ⅱはどうかかわってくるんだ？

それはすごくかかわっていると思うよ。人間世界は学習Ⅱに満ちあふれてて、教育者も、市場アナリストも、カウンセラーも、子どもの親たちも、みんなこのことに関心を払っている。その関心とは二つあって、一つは、個人の性格や心理的傾向が形成されていくプロセスのこと。それからもう一つが、人間同士の関係が変わっていくプロセスのこと。この二つともが、学習Ⅱに関する知識なしでは語れない性質のものだから。

どうしてそう言えるんだ？

だって、性格や個性は、反応の仕方をトライアル・アンド・エラーで覚えた集積だから学習Ⅱがかかわるよね。また、人と人との関係が変化するというのは、一つの応答のトライアル・アンド・エラーではなく、応答の集積、つまり形式がトライアル・アンド・エラーによって決められていくというのだから、やはり学習Ⅱがかかわってくる。そして、蛇足だけど、人と人の関係をマクロにすれば、社会や市場の動向としての学習Ⅱの話になる。

そのな、性格や個性は、個人のものだから学習すると言ってもまあいいかもしれんが、人間関係はその「間」のことだから、それを学習って呼ぶのはおかしいんじゃないか？

いい点を突いてるね。ただ、それは話が逆なんだ。性格と言ったって、上野の西郷さんみたいに銅像のように立ってるものじゃない。意地悪な人が他の人の目には仏のように映ることだってある。性格がそもそも関係性の中の出来事なんだ。言い換えれば、コミュニケーションがつくっていくもの。心理学などの影響が強すぎると個から見た見方がはびこってしまう。

ほう、心理学がお嫌いのようだな。それはそうとしても、みんながみんなお前の言うように「学習」を考えてるとは思えんがなー。人の性格や市場の動向を学習として捉えることだって、普通の人が賛成するかは大いに疑問だぜ。

サンセイ。キミの言うとおりだと思う。それについては、ボクは二つ言いたい。まず、人の性格も市場の動向も論理階型という学習の視点からひとつ考えてみようという、これはベイトソンからの提案であること。もう一つは、前にもちょっと触れたけど、実験心理学が言う学習はおもに学習Ⅰであって、教育者が言う学習、つまり学習Ⅱをにらんだものとでは、そこにずれがあるのではないかということ。おそらく教育現場は、心理学実験よりもコミュニケーションの視点のほうが役に立つ。だって、実験心理学に論理階型の認識論はないから。

偉そうに言うじゃないか。しかし、お前の考えは甘いと思うな。学習Ⅰについての学習、つまり学習Ⅱがおこったとしても、それが目に見えるかたちか数値で現れなければ、教育者だって誰だって納得しない。お前の寝言を聞いて、はいそうですか、なんて言うひまな教育者はまずいないな。

そうか、わかった。ちょっと難しい話はあとに回そうと思ってたけど、キミがそう言うんなら、ここは正面突破しかないか。

何のことだ⁉

第10話　正面突破――実験データから

じゃ、最初にリバース・ラーニング（逆学習）という話からね。これはいったん覚えたことをまったく逆に覚え直すことなんだ。アメリカで車の運転を始めると日本とは左右対称に覚えなくてはいけない。ハンドルはむろん右についてるけど、ぼくの場合は右側通行が問題だった。広い幹線から狭い道に入ったとたん感覚が狂ってしまう。何も疑わず左側を走ってて、はっと気づくと目前に大型車が向かってくる。逆学習が完全でないからだ。ぼくは一九六四年型のフォルクスワーゲンに乗ってたんだけど、おかしかったのは、ワイパーと方向指示器も逆で、それがなかなか覚えられず左折しようとして目の前のワイパーが回るのがしばしばだった。

不器用な野郎だ。水道の蛇口だってふつう右から冷水が出て左から熱湯が出るが、国によってはそれが逆になってるな。右から熱湯、左から冷水だ。火傷しないよう学習するのは当たり前だろ。

逆学習について、たとえば実験では二つの対立関係にあるものの意味をいったん覚えてもらう。

たとえば、「白い印は食べられるもの、赤い印は食べられないもの」みたいに。その学習が確認されたらそれを逆転する。こんどは「白が食べられず、赤が食べられる」として、そうしてまたその学習が確認されたら、またそれを逆に戻す。それを時間を計ってやったら？

腹いっぱいになるだけだ！

そういう意味じゃなくって……。問題はそのとき、学習者が逆転ということを学ぶかどうかさ。つまり、何度も逆転を繰り返すことで、一定の正解基準に達するための失敗（トライアル・アンド・エラー）の回数が減っていくかどうか——もし逆転についての学習がされていたんならその回数は減るはずだ。

ふーん、逆転を覚えたとしたら、それがどうして学習IIなんだ？

だって、二つの集合（セット）があって、一つのセットは、白が食べられ赤が食べられないことをトライアル・アンド・エラーで学ぶ。もう一つのセットでは、その逆を学ぶ。でも、逆転（リバーサル）を学ぶということは、それぞれのセットでの学習が成立しているのが条件となって、二つのセットから一つを選ぶという出来事なので、抽象の階梯が一段上でしょ。それで、学習についての学習になるよね。

ああ、洋服にリバーシブルってやつがあるな。用途によってオモテを着たりウラを着たりするやつ。あの場合、仕事に行くときは地味なオモテを着て、帰りの飲み会では柄《がら》のあるウラにするぞという心づもりは学習Ⅱってことになるのか？

おもしろいじゃない、そうかもね。気づかなかったなー。ぼくが思ったのは、異文化にはじめて遭遇するとカルチャーショックがあるけど、だんだん慣れていくじゃない。そこで相手文化への適応をいちおう果たしたのち、もう一度自分の元の文化に戻る。すると、今度は逆カルチャーショックに見舞われる（ことがある）。その後の行ったり来たりによってバイカルチュラルになっていく。バイカルチュラル（二つの文化に精通していること）とは、文化の逆転を学習したとも言えるのだろうか、もしその二つの文化が対照的な場合などは……

勝手な妄想を広げる前にだな、ちゃんとほかにある学習Ⅱの具体例をわかるように出してみろ！

二番目は、おなじみの丸暗記っていうやつです。心理学者がとても綿密な実験をして確かめたんだ。[1]ご存知のとおり、何か覚えようとして何回も反復すれば丸暗記できるよね。でも、そればかりか丸暗記学習そのものが上手になっていくことが確かめられた。たとえば、百人一首で〝あしびきの　やまどりのをの　しだりをの〟を覚える。これ小学生がやるとおかしいよ——意味があまりわかってないので。あるいはスペイン語の動詞の変化を覚える。これは大人になってやると大変、やってみたけどなかなか覚えられない。それでも何度も反復して少しずつ前に進む。

それはふつうおこる学習の現象だな。お前の場合は頭が悪いだけかもしれんが。

そう、たとえば百人一首を覚えたらスペイン語の動詞変化も学習しやすくなるとしたら、反復学習が上達したということだ。しかし、覚えた百人一首の句がそのまま、動詞 hablar（話す）や ir（行く）の変化形を学習するのには役立つとは思えない、邪魔になることはあっても。それより一段階上の〝反復学習についての学習〟がおこることで、暗記の作業がより楽になる。

それで、反復学習という学習Ⅰに対して〝反復学習の学習〟だから学習Ⅱだと言いたいんだな。

そう、反復学習という状況（コンテクスト）に適応していくわけだから。

まあ、そういうことになるかもしれんが。しかし、そんなこじつけが、教育やその他の分野に実

際どう役に立つっていうんだ？　歌の歌詞だって、外国語だって、ぐちゃぐちゃ言わず覚えりゃいいんじゃないか⁉

そうね。学習Ⅰとして内容をしっかり暗記して覚えさせるというのも教育方針だと思う。もう一方で反復学習よりも、むしろ考えさせたり、想像させたりすることを大事にする学習だってあるよね。そのあたり教育に関するヴィジョンがかかわる気がする――あんまり自信はないけど。

どうかな？　それはみんなわかってやってんじゃないのか――呼び名はないかもしれないが。ほかには何があるんだ、学習Ⅱとしては？

そう、その呼び名がないということ、こだわるけど。そういう〝言葉〟を提供しようというのがベイトソンのしてることじゃないかな。コミュニケーションの言葉というのはこれまでなかったんだから……

通じない言葉なんていくらあったってしょうがないぞ。それをちゃんと日本語で通じるようにするのがお前の仕事だろ！　だいたいお前の怠慢が主たる原因で……現在の日本の大型書店を眺めてみろ。フーコー[2]だの、デリダ[3]だの、その手のコーナーは花盛りだ。それに比べて「二〇世紀最大の思想家」と言われるのに、ベイトソンのコーナーはどうだ、その貧弱なこと。ベイトソンから直接教わったかなんか知らんが、だいたいそんな直弟子を名乗っておきながら、それをちゃんと伝えるのを怠ってるのは怠慢を通り越して無責任だ。

それでほかに学習IIには何があるかなんだけど……

お前、聞いてんのか?! オレがやさしく言えばいいと思って……

ごめん、ごめん、ぼくにもそれはわかっている。だから今こうやって……うん、なのでほかの学習IIなんだけど、方法としてものごとを同類と見ることが学習IIとなるケース。これは、アカゲザルの実験からで、猿にいくつか形態の問題を出し、それらが同類とわかればエサを与える。つまり次の問題が前の問題と似たようなものだと猿が判断した場合、前の学習成果が次の問題へも流用されることが確認された。これはセット・ラーニングとも呼ばれ、出した問題が同類（セット）として認識されるとおこることらしい。[4]

そりゃー、人間でもおこるさ。会社に入って試行錯誤で人間関係のつくり方を覚えたら、転勤しても前に身につけた処世術で渡るというのがふつうだ。そのために新たに人間関係を学び直すということはしないからな。だがな、ちょっと待てよ。何かピンと来ないな。そう、お前が以前から言ってたことは、ベイトソンの学習理論が実験心理学とは違うってことじゃなかったのか？　ところが、これまでの例は、みな実験心理学じゃないか。猿が問題を同類だと知って行動するっていう学習が実験でも確かめられるんなら、何もベイトソンにご登場願う必要などないじゃないか。

それはなかなかいい点だね。センター前へクリーンヒット、くらいかな？　たしかに、問題の解き方、つまりそのロジックを猿が学習するという点はあるよね――実験心理学的な意味での。それが一つの論理レベルとしてある。でも、忘れてはいけないのが、もう一つの論理レベル。すなわち、正しく解答したら褒美がもらえるという関係性の学習があって、そういうコンテクストの中でおこっている学習があるというのも一方で事実でしょ。

で、何が言いたいんだ⁉

学習はそのようにコンテクスト・マーカー（つまり、実験だと知らせるサイン）のもとでおこるコミュニケーション上の出来事なのであって、実験の中だけの平坦な現象では収まらない。したがって、そこにはコンテクストがかかわり、さらにコンテクストのコンテクストがかかわるという論理階型が基本にあること、これがベイトソンの言いたいことだと思う。

つまり、学習は個人の頭の中だけの出来事ではなく、コミュニケーションの関係図式の中の問題だとお前は言いたいんだな。

まあ、そんなところでしょう。それで最後に、犬が実験室で神経症にかかるお話をします。犬を訓練して楕円と円を識別することを覚えさせる。その学習が完了したら、次に難度を上げて、楕円をもう少しだけ丸くし、あるいは円をもう少しだけ楕円に近づける。はっきり区別がつくときは問題ない。難度を上げても正解ならエサをもらえる。しかし、だんだん微妙になっていき、それが円なのか楕円なのか見極めがつかなくなったとき、犬は神経症的な反応を見せはじめる。

犬だって生き物さ、訳のわからん相手を見れば吠えるようになるさ。当然だ。これ、学習IIの話なのか？

そうだよ。実験でわかったことは、円と楕円の区別をしっかり学習していない犬は、識別不能なものを見せても錯乱がおきないということ。また、円と楕円の区別を学習した犬でも、実験だということを示すコンテクスト・マーカーが欠如している場合は、やはり錯乱はおきない。つまり、何が言いたいかというと……

犬だって場をわきまえるってことだ。そのへんは鼻が利く。

というか、異なるカテゴリーを識別する学習を達成していることで、神経症の下地ができるってことが言いたいんだ。行動上の混乱は、学習IIが達成されているからなんだ。これのどこが学習IIだってキミは聞くと思うけど、トライアル・アンド・エラーで円というカテゴリーを覚える。そして、同様に楕円というカテゴリーを覚える。それぞれは学習Iだけど、その二つのカテゴリーを識別、選択することは学習IIに当たる。

どうだかなー、オレの経験から言えば、犬はたとえ区別を覚えたとしても、訳のわからん形を見て、〝へっ、そんなもん知らん〟と言わんばかりにそっぽ向くのがふつうだぜ。その例は、初めから神経症の犬をもってきてやってんだろ⁉

そうじゃないと思うよ。実験者は、犬に対して〝識別しなさい〟というメッセージを伝えている、実験室という場を使ってね。しかも、円と楕円を近づけ問題を難しくするにつれ、〝さあ、さらに識別しろ〟というメッセージを出していくことになる。つまり、枠は強化される。それで、とうとう円と楕円が識別不可能になったとき、コミュニケーション上に異変がおこる。

それが神経症ってことか？

状況の意味、つまりコンテクストの構造がすりかわるんだ――〝識別せよ〟というコンテクストから〝当て推量、賭け事をせよ〟というコンテクストにね。〝識別不可能にもかかわらず識別せよ〟というのは、矛盾（パラドクス）だよね。コンテクスト・マーカーが正しいとしても、今ここで当て推量しかできない自分はコンテクスト・マーカーに背くことになるから。

ややこしいな……

つまり、もし当て推量や賭け事しかできない状況ならば、識別しろという命令（コンテクスト・マーカー）は矛盾している。もし、識別しろという命令（コンテクスト・マーカー）が正しいとすれば、当て推量しかできない自分は何か間違っている。犬はその矛盾のはざまで動けなくなるが、何もしないでぼんやりすれば、〝識別せよ〟という命令に従わないことになるので、やはり窮地に立つ。どう転んでも自分が欺かれる状況だから、これはダブルバインドだ。

それがダブルバインドか⁉　イヌ事、いや、ひと事じゃないな、それは。

これは学習Ⅱを使って犬の頭をおかしくさせる巧妙な仕掛けだとベイトソンは言う。円と楕円を覚えた上でそれらを識別する学習なわけだから。

そういうもんか⁈　だが、いいかげん実験室の話には飽き飽きした。

註

1　ベイトソンは戦前の心理学実験研究から知見を得ている（Hull, E.L. et al., 1940, *Mathematico-deductive Theory of Rote Learn-ing.* New Haven : Yale University, Institute of Human Relations.）。

2　ミシェル・フーコー／一九二六年生まれ。フランスの哲学者。『狂気の歴史』『監獄の誕生』などが有名。

3　ジャック・デリダ／一九三〇年生まれ。アルジェリア出身のフランスの哲学者。書くこと、書かれたものに関するエクリチュールの研究と脱構築の概念で知られる。『グラマトロジーについて』『エクリチュールと差異』などが有名。

4　グレゴリー・ベイトソン［佐藤良明（訳）］2000『精神の生態学』新思索社 pp.402-403

第11話　私たちにとっての学習II――三つ子の魂

じゃー、ぼくら人間にとっての学習IIの話題に移ろうか。学習したことについての学習が学習IIだった――反復学習の腕前が上がるときのように。でも実際、学習IIはいろんなところで存在していると思うので、まずわかりやすい例から。

いろんなところだと？　世の中学習IIだらけか、もしかして？

そう思うよ。たとえば、先生も、親も、福祉の人も、企業人も、みんな人や集団のキャラや性格には関心があるでしょ。あの子は負けず嫌いだとか、楽天的だとか、ひょうきんだとか。あそこの会社はやることが大胆だとか、慎重だとか。こういう言葉は日常よく飛び交う言葉だよね。

パーソナリティがそうすると学習IIってことなのか？

うん、でもちょっとここで注意したいかな。学習をコミュニケーションとして見ているので、正確に言うと、あの子は負けず嫌いだ、とこちらが理解することが学習Ⅱなのね。つまり、いろいろな観点からその子を見てて、コミュニケーションをとおして、集めた情報（学習Ⅰ）を総合すると、〝負けず嫌い〟というカテゴリー（学習Ⅱ）に行き着く。それは、〝気が弱い〟とか〝臆病〟とかほかにあるカテゴリーに対して並んであるものだから。

おい、ちょっと待てよ。それがその子のパーソナリティだなんて言えるのか？〝三つ子の魂、百までも〟って世間では言うだろ。その子に本来備わった性格ってもんがある。コミュニケーションかなんか知らんが、その子が本来もってるものが性格だとすりゃー、お前の言うのは性格とは言い難いな。

はい、そのとおりです。コミュニケーション論の見方というのは、そこに性格というものが存在しているとは考えない、たとえ〝三つ子の魂〟であっても。なぜって、たとえば、〝チョー負けず嫌い〟の子ばっかりの集団の中にその子を入れたら、その子の性格は〝負けず嫌い〟とはならないでしょ。それは、周囲やコンテクストを考慮しての形容なんだから。

それはそうとしてもだ、どのみちお前が言うのはいわゆる〝性格〟じゃないじゃないか。

いわゆる〝性格〟（キャラクター）じゃないかもしれない。でも、こちらのほうが見方としてはより正しいとは思うね。怒りっぽいと言っても、協調性があると言っても、それらはすべてコミュニケーションされたものであって、何か固定化して存在するものではないから。

まあ、そうだが……要するに、お前はそういう見方を宣伝しようって腹なんだな。売り込むのは勝手だが、その見方のどこにメリットがあるって言うんだ？　オレの見方と比べてさ。

いい質問だね。性格を言い当てる、あるいは性格を記述することは学習IIの結果だと考えられること。それはいい？　この学習IIは学習Iのトライアル・アンド・エラーの結果なのだから、その過程を見てみることで、どのように人の性格が形容者に習得されたのか（学習II）理解できるようになるでしょ。

それがなんだ？

それで、ここからがいいところなの。人の性格が、与えられた不動のものではなく、学習の集積だとしたら？　それなら学習し直すことができるでしょ。人の性格に変化する余地が生まれるということになる。

それは、話のすりかえだ。お前は今、他人が形容したものが性格だと言ったじゃないか。今度のは自分で自分の性格を変えるって話だろ？

ごめん、言葉が足りなかった。コミュニケーションと言うときには、自分で自分を見ているのもやはりコミュニケーションなので……。学校の先生がぼくを見てても、ぼくがぼくを見てても、やはりそれはどちらも学習Ⅰのトライアル・アンド・エラーをとおして出てきたカテゴリーだと思うんだ、どちらもコミュニケーションの産物として。

そうなると、性格やパーソナリティと言っても、その意味や中味は違ってしまうな。まあ、いいや。じゃ、ほかに学習Ⅱには何があるんだ？

それはね、人と人とのやりとり（インターアクション）をどういう単位で見るか、また理解するためにどんな〝区切り方〟をもってするかというようなことなんだけど。

……

意味不明？　だよね。わかった、少し具体的に言うね。たとえば、さっきのキャラクターの形容として、〝Aさんは怒りっぽい〟を例にするとしよう。でもAさん、寝てるときまで怒りっぽいわけではない。〝怒りっぽい〟はやりとりの場面における観察（記述）の結果わかることでしょ。〝怒りっぽい〟は、コミュニケーション上の事件のようなもの——地中から掘り当てた鉱物というよりは、化学反応してできたそのときだけの化合物ってイメージのほうが近いかな。

くどいな。そのことはわかった。それがその〝区切り方〟とどう関係するんだ？

たとえばだよ、ささいなことにAさんが怒る（a1）ので、Bさんは自己防衛に言い訳（b1）するとしよう。Bさんの言い訳は、Aさんには屁理屈ばかりに聞こえるので、AさんはBさんに対してまた腹を立てる（a2）とする。そういう応酬は、a1↓b1↓a2↓b2↓a3↓b3↓a4……という連続（シークエンス）で表現できる。

a1—ひどいね、この部屋。少しは片付けたら？
b1—何言ってんのよ。あなたが片付けたっていいんですからね。
a2—それは話が違うだろ。自分で散らかしたものだろ。

b2―片付けたいと思う人が片付けるのがいいことなんじゃない？
a3―それじゃ、いつもぼくが片付けなきゃいけなくなる！
b3―あなたを掃除大臣に任命してあげます！
a4―全然わかってないじゃん……ひどいね、この台所、少しは片付けたら？

これ前に進んで行くより堂々巡りなんじゃないか？

やってることは、a↓b↓a↓bの堂々巡りかもね。で、それを時間軸上に並べるから、a1↓b1↓a2↓b2になるんだろうけど。そこで、Aさんの「a2」を中心に考えてみるよ。このとき、たとえば、このシークエンスを［a2↓b2↓a3］と区切ったとすると、Aさんの怒り（a2）はBさんの言い訳（b2）を誘発する〝刺激〟と考えられる。ところが、もしその連続を［b1↓a2↓b2］と区切ると、今度はAさんの怒り（a2）はBさんの言い訳（b1）に対する〝反応〟になる。さらに、［a1↓b1↓a2］と区切れば、Aさんの怒り（a1）に対するBさんの反応（b1）をa2が〝強化〟していることになる。同じa2が、刺激にも、反応にも、強化にもなるね――区切り方によって。

そのな、刺激と反応はわかるが、最後のがどうして強化だって言えるんだ？

こう考えたらピンと来るかもしれないよ。a1↓b1というシークエンスだけがあって次のa2がなかったとしよう。そしたら、b1の言い訳は、その場に立ち往生、あるいは吸収されて、それ以上その反応に対して働きかけてくるものがなくなってしまう。逆に、これへの働きかけがある場合、それを心理学では〝強化〟って呼ぶんだ。

というか、〝補強〟するって感じだなー。

それいいね。じゃあ言い換えると、Bさんの言い訳（b1）は〝補強〟されないままになる、かな？

おい、もしそういう論法ならこうもならないか。a2っていうAの怒りは、a1っていうA自身の前の怒りの〝補強〟だと。実際の話、怒っているとき、相手の出方次第では、こっちはもっと怒れてくる。これなんぞは、自分で自分の怒りをいわば〝補強〟してんだろ。

するどいね、いい点だ。そのとおりだと思う。もっと言うとね、a2という今の自分の怒りはa1という前の自分の怒りへの〝反応〟として読むことだってできる。また、a1はa2の自分自身への〝刺激〟というふうに取ることだってできる。

なーんだ、じゃ、説明はどうにでもなるってことじゃないか。そんな説明に何の意味があるんだ？

やりとりのシークエンスはどこでどう区切るかによって、刺激なのか反応なのかが曖昧になってしまう。これが原因でこれが結果だという論理も、インターアクションの世界ではやはり曖昧になる。Aが怒るからBが言い訳するのか、Bが言い訳がましいからAが怒るのかは、区切り方次第なんだ。

それじゃ水掛け論になるぞ。だが実際にはそういう混乱はおきない。幻想だ。だって、セールスマンと顧客、社長と平社員、どれを取っても区切り方や役割を間違えてコミュニケーションする奴なんていないだろ。ちゃんと区切り方は心得ているに決まってる——死活問題だからな。

それはちょっと話がすれちがってるだけだと思うよ。たとえば〝上司が命令するから部下は従う〟という区切り方も、ぼくたちの社会習慣として暗黙のうちに共有されている合意にすぎないと思う。一定のシークエンスをどのような区切りで構造化するかはその人たちの場（コンテクスト）に対する知識による。

それが文化ってもんだろうな。

そう、その「文化」とは、これまでの経験からそういう区切り方を覚えたことを指し、そういう知識でもって次の新たな場面に臨むという知識（学習II）なんだから。

そういうのは、その人にとってはけっこう固まった融通の利かない知識じゃないのか？　なかなかさっとは変えられんぞ。

ぼくもそう思うね。この変わりにくい学習IIの性質をベイトソンはこう表現した。〝魔術を行なう者は、自分の魔術が功を奏さなかったといって、出来事への魔術的な見方を崩しはしない〟[1]と。魔術が効かなくても、魔術に効果がないことを証明したことにはならず、その準備や呪文のかけ方に不備があったとされる。魔術師の見解とはそういうものだ。だから魔術的な見方はさらに強化される。そうして、自分の正しさが証明されていくことになる。

オレもそう思うんだ。いったん身体で覚えたことは、なかなか粘っこくて落ちない。だがな、もしそうだとすりゃー、お前の言うことは矛盾だらけだぞ。さっき何て言った？　性格は学習の結果なので、学習し直すことができるって言わなかったか？　今度は、いったん覚えたら変わらないって話なんだろ？　口から出任せもいい加減にしろ！

変わりにくいとは言ったけど、絶対変わらないとは言ってないよ。それ、あとの学習Ⅲのところで話そうと思ってるので、ちょっと辛抱してもらえる？　で、ぼくが言いたいのは、ここでとっても重要なことはね、さっき〝怒りっぽい〟とか〝言い訳がましい〟というような性格について説明したけど、これらを曖昧な形容にとどめるのではなく、たとえばコミュニケーションを［a2↓b2↓a3］と区切ってみたように、観察可能なパターンとして正確に言い当てることができる——ここに意味があると思うんだ。そこに社会科学の大きな転換があるのだから。

わかったぞ、オマエの言い訳がましいところにオレは腹が立つんだ、ってことが。

……

註

1　グレゴリー・ベイトソン［佐藤良明（訳）］2000『精神の生態学』新思索社 p.409

第12話 ヒトはみんな仕分け人——小さな柔軟性

ところで、サイコセラピーで転移と言ったら何のことか知ってる?

がんの転移なら聞いたことあるがなー。

それとはちょっと違う。感情転移とも言って、たとえば、ぼくは自分の子どもを育てるまでは、どうやって子どもと接していいかよくわからなかったけど、一度子育てすると、今度はその経験を使ってよその子どもたちにも接する。するとわりと上手くいく。同じような気持ちでもってほかの相手にも接するから感情が転移していると言える。

それは今までの話とどっか似てるな。試行錯誤で覚えた子育てをほかにも流用するってのは、言ってみりゃ、学習IIなんだろ。それのどこがサイコセラピーだ?

これはフロイトの精神分析から出てきたもので、患者はやりとり上、セラピストを自分の親に見立ててしまう傾向があるってことなんだ。親が自分に接したのと同じように相手にもそう接してくれるよう暗に求めてしまう。

それはまあ想像つくな。自分の連れ合いに対しても、おやじが母に対してたようにいつの間にか知らんでやってるからな。それがどうしたって言うんだ？

あれっ、きみ結婚してたの？　知らなかった。ならコミュニケーションの苦労わかるじゃん！

そんなことどうだっていいだろ！　本筋と関係ない。

そうだね。じゃ、それはおいといて、精神分析ではこれを不適切な感情と見なして、治療上問題にする。しかし、この感情転移もベイトソン流には、これまでの経験、トライアル・アンド・エラーから得てきた知識や前提（つまり学習Ⅱ）でもって新たな現実に向かうこと、と表現できる。その点、先の魔術師と変わらない。

感情転移でも学習Ⅱでもかまわん。が、そういうのは子どものときからの育ち方によってできあ

がったものなんで、人間をつくってるかなり強固なもんじゃないか⁉

そう、学習IIにはそういう強固な面がある。小さい頃から時間をかけて形成された人格は、その人にとっては空気のように自然になっていて、ほとんど無意識だと思う。たとえば、宿命論的にものごとを考える人は、自分はそういう人間だとわかっていても、どのようにして自分が宿命論的な世界を（あるいは、宿命論的な世界が自分を）つくっているかその構造はわかりにくい。そういう無意識に近いものが治療の対象になるところが、サイコセラピーの特徴だろうけど。

それが幼少期と無意識の話にぜんぶ収まるんなら精神分析となんも変わらんじゃないか。何も新しくないぜ。

精神分析は抑圧されて心に閉じ込められた無意識に注目する。しかし、実際には無意識はもっと広くて……身につけた習慣も無意識的に発動されるし、知覚のプロセスもまた自動的に行われる。これらの無意識をふくめて学習とコミュニケーションの産物とみるところがぼくは好きなんだ。

しつこいようだが、その考え方のどこが新しいって言うんだ？

それは、違った見方から違った方法論、つまり治療方法を想定できるからだろうね。実際、ベイトソン流の考え方から精神分析とはまったく違うセラピーが生まれてきたんだから。

そりゃどういうことだ？

ちょっと、話が逸れるかもしれないけど、一九五六年にベイトソンのグループが発表したダブルバインド理論[1]が決定打となったと思うよ。それ以前は、精神病理とは個人の頭の中にあって、その（心理的）疾患を治すことが治療の趨勢を占めていた。でもダブルバインド理論以降、コミュニケーション、対人関係を変化させていく治療的な道筋がはっきりと見えてきた。なかでも、ファミリーセラピー（家族療法）という名で治療モデルができあがったのはそのいい例なんだ。

じゃ聞くが、この学習IIの話がどうファミリーセラピーにつながるんだ？　ようわからん。

その人のキャラクター形成にしろ、やりとりのシークエンスのまとめ方にしろ――これらは学習IIと考えられるけど――家族のコミュニケーションの中で主に学習されたものでしょ。なので、セラピーもまた家族という現場をとおしてそのコミュニケーションを調整していくんだ。

ってことは、精神疾患ではなくて、コミュニケーション疾患だって言いたいのか？

そうではないね。これを疾患としてみるのはむしろ間違いだと思う……君の質問はとてもいいものだけど。えーっと、まず学習をとおして習慣化された、ものごとのまとめ方、くくり方、仕分け方、やりとりの区切り方、などの知識をわれわれは蓄えてもっている。それらは、ことあるごとに、ああ、やっぱりそうだった、というふうに自分の考え、感じ方の正しさを確認する方向へと進む、ふつうは。自己妥当性って言うんだけど。そういう確認の積み重ねが背景（コンテクスト）になっているから学習IIは変わりにくいとされる。それはある意味〝自分の正しさ〟を証明していくプロセスであって、これを一方的に間違いとか疾患と呼ぶのはなじまないし、ふさわしくないと思う。

じゃ、何なんだ？　実際、統合失調症とかパーソナリティ障害って世間では言うじゃないか？

そこはそうなんだ。でも、ここは医学の話ではなくて、コミュニケーションの話なのね。医学的には疾患でも、コミュニケーション的にはものごとの仕分け方としか言えない——神棚の石も地質学者が見たらただの鉱物であるように。

……？　しかしだな、ほんとうに正しいと言える区切り方っていうのはやっぱあるんじゃねーのか？

哲学的とか宗教的にはあるのかもしれないね――それはぼくにはよくわからない。たとえば、甲子園で負けた高校チームが、〝この悔しさを忘れず来年必ず戻ってきます〟と言うのをよく聞く。このとき〝勝利を信じる〟という前提が揺らぐことはない。だからこそ次に勝てるんだろうけど。ただ、競争原理と県に偏った応援が正しいことかどうか、よくわからない。〝もうバカバカしいから野球は今年でやめます〟というコメントは聞かない。

それでいいじゃないか。オマエはそういうところが厭世的だ。高校野球はドラマチックだし、野球の神様がいたとしか思えないような瞬間がある。ちったー、前向きにものごと考えろ！

はい、助言、感謝します。言いたかったのは……目的を支える諸前提はどんなものでも、だんだん補強され、その正しさを証明していく。前提は見方であって、正しい、間違ってる、とかではない。前提は現実によって試験されることが少ないから、失敗したとしても、前提がまずかったのではなく、やり方、もっていき方がまずかったことになる。

当たりまえだ、みんな一生懸命にやってるんだから、間違ってるはずなんかないじゃないか！

……でも、待てよ、軍国主義なんかは……⁇

あのね、パウル・クレー[2]という画家がいてね、「性格は頑固になるいっぽう」という素描があるんだけど、多くの生物にとって学習Ⅱで得られた前提はたいがい強固になる一方なのだろうね。

そんなら、どうしたらその反対っていうか、柔軟性を取り戻す方向へと行けるんだ？　そこまでちゃんと見通せなかったらこんな理論はあっても無用の長物だ。どうだ、あるんなら出してみろ。

この辺で学習Ⅱの話から離れようと思ってたんだけど……

それじゃ逃げだぞ。先へ行くのはこの場のケリをつけてからだ。オマエの説明はいつだって先延ばしなんだから。

わかった、こうしよう。きみの言うその柔軟性（フレキシビリティ）だけど、大きな柔軟性と小さな柔軟性とに分けていいかな？　最初にその小さな柔軟性を話すから。

大きな柔軟性とやらをちゃんと説明するんならだ！

ありがとう。じゃ、小さなほうの柔軟性として、学習の階層間の関係について少し余裕（柔軟性）をもたせておきたい。というのは、〝性格＝学習Ⅱ〟というように対応関係をガチッと固定してしまうのはベイトソンの本旨じゃないと思うんだ。

どういうことだ？　それ、今までの説明と違うじゃないか？

振り返ってみるよ。まず、反応が一つに固定してしまったのがゼロ学習だった。反応が選択肢の中から一つに定まっていくプロセスが学習Ⅰ。で、学習Ⅰのときの選択肢あるいはそれ以外の選択肢を探すプロセスが学習Ⅱだった。これが理論の骨格だ。ということは、トライアル・アンド・エラーをとおして適したものを選んでいくとき、選択肢の選択肢、つまり選択肢の中から一つ選ぶのではなく選択肢そのものを選べば抽象度が一段上がる。論理階型の理論の縛りはそこだよね。

だとすると？

だとすると、何を学習Ⅰに置くかによってその上のものも変わってくることになる。不変なのは関係性なんだ。たとえば、英語の動詞の三人称単数にはあとに〝s〟をつけるね——plays, walks, eats のように。これを失敗しながら学ぶプロセスを学習Ⅰとする。それは判を押したようにやりつづけるわけにはいかない。だって gos, catchs, passs とやったら間違いになり、goes, catches, passes とそれぞれしなければいけない。そこで単純に〝s〟だけじゃなく、〝es〟とつける動詞グループを並列のカテゴリーとして学ぶ。生徒はある動詞がどのカテゴリーのものか見分けるわけだから、論理的にはそこは並列で学習Ⅰに当たる。

それのどこが柔軟性だ？　それに、学習Ⅱはどうなるんだ？

そうだね、たとえば、同じ英語でもピジン・イングリッシュ（現地の言葉と英語とが混合したもの）やスラング（俗語）による言い回しでは、誰が主語でも〝s〟は付かなかったりする、I play, you play, she play という具合に。だから今度は文法そのものが選択肢となるレベルを想定すればいいんだと思う。それを学習Ⅱとする。そう考えれば、関係性だけ正しく把握すれば、学習ⅠやⅡを自分のテーマに合わせて設定すればいいことになる。

おい！　それって、ベイトソンがたしかにそう言ってんのか？

たしかにそうは言っていない。でも論理階型の考え方に忠実なら当然そうなる。そうしないと、学習Ⅱ＝性格というふうに単に教条的なものになって、ベイトソン理論のもつ広い汎用性を台無しにしてしまう。

理論の使い方に幅をもたせるって意味で柔軟性が上がるってことか？　そりゃー、わからんでもないが……オレが言ったのは、幼少時から固まってきた学習で、しかも無意識に発動されるもの（学習Ⅱ）を変化させる柔軟性のことだったんだ。話をすりかえんな！

だから小さい柔軟性っていうふうに言ったんだけど……ちょっとクラスとメンバーを混同したかも。

註

1　ダブルバインドのありさまは、すでに第10話の「神経症にかかる犬」のところで紹介したが、この理論は対人関係の中で真っ向から矛盾するメッセージの中に人が置かれた状況をコミュニケーション上の構造として明らかにしたものである。精神分裂症（統合失調症）との関連で最初は発表されたが、半世紀以上たった現在、ダブルバインドは統合失調症の病因論としてよりも二元論を超える認識論として捉えるほうがよい。

2　パウル・クレー／一八七九年生まれ。スイスの画家。視覚的に魅力ある抽象画で知られる。一方、その絵の意味については、題名が大きな影響力をもつ場合が多い。

第13話　学習Ⅲ——日本陸軍

それで、もう一つの大きな柔軟性のほうはいったいどうなったんだ？　理論に幅をもたせたくらいでヒトは変わらんぞ！

それなんだけど、性格のように長い間かかってできてきた硬い殻を打ち破っていくのを学習Ⅲとしたいんだ……ここでいう大きな柔軟性として。

おい、学習Ⅲって柔軟性のことだったのか？　だったら初めからそう言えばいいじゃないか。オマエのようにもったいぶった言い方が学者臭いんだ！

誤解を与えたらごめん——学習Ⅲがそのまま柔軟性（フレキシビリティ）というわけでもない。なので、学習Ⅲをなるべく論理的に説明してみよう。

それにしてもだ、〝頑固になる一方〟なのが性格ってものだとすりゃー、それを柔軟に変えるのは容易なこっちゃないはずだ。

そのとおりだと思うよ——不可能とは言わないけど容易じゃない。人の性格や無意識の前提は、自分の正しさを証明していくという性質をもってるからね。だからその変更は万人に訪れるものというわけにはいかない。それでも、宗教的な改心が契機になったり、サイコセラピーの場でそういうことがおこったりと、まったくないわけではない、とベイトソンは言う。

だとすりゃー、オマエみたいなハンチクに言語化できるわけはない。偉い坊さんか名だたる精神療法家にしてはじめて語れる領域なんだろ？

その偉い人にだって容易に語れないかもよ——言語を超えた何かだと思われてるみたいだから。でも尻込みしててもしょうがないから、ベイトソンはそこをあえて論理的に説明しようとやっている。

ま、ベイトソンなら許せるが……その説明とやらを聞こうじゃないか。

彼はリバース・ラーニング（逆学習）を説明の入口に選んでいるね。[1]たとえば、右ハンドルでの運転から左ハンドルでの運転を覚えるとき。左ハンドルに移って右ハンドルが下手になったら、それは右ハンドルという学習Ⅰから左ハンドルという学習Ⅰに移行しただけだ。もし、逆転そのものが次第に上手くいき、右でも左でもできるようになれば、「逆転」ということを学習したことになる。それは学習Ⅱに当たる。そこまではいい？

ラジャー！

この理屈をそのまま学習Ⅲに応用したらどうなる？　人の性格や世界観がもう一つの違う性格や世界観に移行しただけなら？　一つの学習Ⅱが他の学習Ⅱに移行しただけということになるね。

あ、そういう理屈か⁉　となると、宗教に目覚めても性格が変わってもだめか。学習Ⅱから学習Ⅱへの平行移動になるだけだから。昔『ビルマの竪琴』[2]という話を読んだなー。主人公、水島といったっけ、日本軍の軍人なんだが、戦友の死や人の苦しみを見て現地で僧になって弔うという話だ。人格が変わり二度と軍人には戻らなかった。それなんかも結局は学習Ⅱなのか。それだって、じつにタイヘンなことだと思うがな。

そう、じつにタイヘンなことだと思う。で、そういう現象は時々ぼくらも耳にする。〝あのひと人が変わったみたい〟と表現してるように。数少ないけどなくはないと思う。教育者も精神療法家（セラピスト）もそのことに重大な関心をもっていそうだ。問題を抱えてやってくる人は、その人なりの前提や思い込みがあるし、誰にもそれはある、〝男女の役割〟に関してだって。それが変わる必要があると判断した場合、その変更を促すためにセラピストは努力するだろうね。その際、前提Aから前提Bへの平行移動にしてもそれが難業であることに変わりはない。

しかし、オマエが言いたい学習Ⅲはそういうことじゃないんだろ？『ビルマの竪琴』が学習Ⅲでないんだとしたら、どこに学習Ⅲがあるんだ？

いやね、ぼくはむしろ『ビルマの竪琴』が学習Ⅲではないという断定はしたくないんだ。そんな偉そうなこと言えないし、主人公にとってその変化は、たんに軍人の価値観から僧の世界観への移行以上のものだったかもしれないじゃない⁉

だったら、そもそも学習Ⅱだとか学習Ⅲだとか、誰が判断するんだ⁉　学習に関するこの話自体……ゼロ学習や学習Ⅰ、Ⅱを定義してきたじゃないか。ここまで来て定義できないなんてほとんど詐欺だ。ふざけんな、って感じだ！

いいね、その、〝って感じだ〟っていうキミの言い方。以前だったら、ただ〝ふざけるな〟って怒鳴られてたよ。〝って感じだ〟は、すっ飛ばされて。

……!?

〝ふざけんな〟が一つのクラスの中の一つのメンバーで、ほかにも言い方の候補は別にもあって、そのうえで〝ふざけんな〟を選んでいるキミがいるのだとしたら？　余裕あるよ、それって。

バカにする気か！

違う、違う。ぼくが『ビルマの竪琴』のことを学習IIだと断定はしたくないって言ったじゃない。このぼくの考えにキミも〝ふざけるな〟と断定はしなかった。その同調というかシンクロが、学習のコンテクストをつくっていくことにちょっと感動したんだ。

言ってることがようわからん。オレは断定したつもりだ！

主人公水島さんの変化が学習IIかIIIかは、あらかじめ分類できるのではなく、何をメンバーとして何をクラスとして考えるか、その関係性の捉え方によっていることを、この場で明らかにできた気がして。

どうやって？

ぼくらは理論でもって一方的に断定しないというコミュニケーションのコンテクストをつくってきた。その際、水島さんの学習が、日本陸軍軍人のパーソナリティから仏教僧のパーソナリティへの平行移動（学習Ⅱ）なのか、それとも、僧服はまとっていても軍人だとか職業僧だという自己を問題にする世界からの解放（学習Ⅲ）だったのか、それはわからない。でも、この二つの解釈という可能性をメンバーとして選ぶ枠（クラス）を、今度はこの会話が共有してることになるでしょ。

なんだか頭痛がしてきたぜ。

平たく言ってしまうね。よくものごとは取り方次第、解釈次第って言うでしょ。言い方を換えれば、ものごとはコミュニケーション次第——つまり、ぼくとキミという会話者間の関係性がものごとを決めていく際のコンテクストになり、その関係性がそのまま外部に持ち出されて、ものごと同士の関係性を考える際に使われたり、反映されたりする。

もっと簡単に言えないのか。こういうことだろ⁉　会話によってここでつくられる関係性も一種の学習IIであると。それ以外のことを解釈するにあたっても、この学習IIをもってそれらに対処しようとするいわば転移現象なのだと。

冴えてるねー、ありがとうございます。だいたいそんなことが言いたかった。そこで、学習IIIを定義するいくつかの特徴を挙げておこうか。ベイトソンは次の……

いや、オレはなー、ちょっと気になってんだ。さっきオマエ、学習IIIは言葉では言えないって言ったな。あれ、どういうことだ？　言葉で言えないんなら、それをここで言おうとする意味がわからん。

あ、その点ね、いい点を突かれた！　参考になるかどうかわからないけど……ある酒造り何代目かの主人が禅の老師に聞いたんだ、「悟りとはどんなものですか」と。老師は即座に、「それは言葉では言えん」と答えた。そしたら、この何代目かの主人、そうとう度量がある人と見えて、「わたしらの酒造りも、味、香り、微妙なもろもろの要素があいまってはじめていい酒ができるんだ。究極的なところは奥義であって、口ではなかなか言えない。しかし、それを次に伝えていくためには、言えるところまでは言って説明しなきゃならん。澤木さん、ひとつ言えるところまででいいから、言ってみなされ」と注文したそうだ。昭和の快僧、澤木（興道）老師もこの酒屋の主人の言葉は印象に残ったらしい。

それで、何が言いたいんだ？　ああ、わかったぞ。つまり、学習Ⅲも口で言えるところはあるにはあるってことか。手袋で物を触っているときのような不全感があるにせよだ。もっともその澤木さんとやらは、そもそも悟りをひらいてなかったから言えなかったんじゃないのか？

そうかもね。でも、一方で悟りとはこれこれとはっきり明確にしてマニュアル化して出されたら、どう？　キミ反対にそれ信じられる？

オレは別に悟りに興味はないが、個人的にはそのほうがわかりやすい。はっきり説明できるほうがいい。それにだな、〝貴様にはわからんが俺にはそれがわかってるんだぞ〟というような専門家臭い態度は気に食わん。

そうだね。言えないことを知ってることがその人を一段有利な立場にするよね。それはそうだけど、学習Ⅲに話を戻すと……

おい、オマエはわかっておらん。こっちのほうが重要じゃないのか？　学習Ⅲが言葉で言えないとすれば、言える奴と言えない奴との間に上下関係ができてしまうことのほうが。

そうきたか？　きみの言う〝言える奴〟と〝言えない奴〟というのは、学習Ⅲを達成した人と未だ達成していない人、専門知識をもってる人ともっていない人、悟ってる人とそうでない人、という意味で言ってるんだよね。その間にはいわゆる格差があると。

そうさ、言ってみりゃー受験の偏差値みたいなもんだ。いい点取った奴がいい大学に入って、それが偉い、みたいな格差だ。学習理論といってもそういう差別に鈍感なものじゃないのか？　そんなら大学とかにいる閑人《ひまじん》が、ま、オマエみたいな奴だが、食いっぱぐれのない知識階級が余興にもてあそんでる玩具に等しい。

た、たしかに、大学の教員は、自分が差別を受けることが少ないから、そういう社会的弱者に対する共感度が低い人もいると思う。それは反省すべき点として……じゃ、どうしたらいいんだろう？　つまり、知っている者が知らない者と同等であるためには？

そいつぁー、オレにもよくわからんが、そういうのを見つけるのがオマエらの仕事だろ？

ぼくが思うには、社会的な格差をうめる仕事は、政治やそれに近い分野がするといいと思うんだけど。人類学者に課せられたことは、どのようなコミュニケーションが格差からくる精神的負担や差別をなくすことができるかをはっきりさせることじゃないかなー。

だろうな。教育学者だって心理学者だって同じことだろうが。じゃあ、たとえば、学習IIIがどうやって知る者と知らない者との間をうめられるのかを考えていけばいいということか？

そう、どうやってそこをうめていくのかだよね。なんだか遠い昔からの声がたよりになりそうな気がしてきたなー。

大丈夫か、オマエ、セイシン？

註

1　グレゴリー・ベイトソン［佐藤良明（訳）］2000『精神の生態学』新思索社 p.403

2　『ビルマの竪琴』／竹山道雄による児童向けの作品。最初、一九四七年から一年間、雑誌『赤とんぼ』に掲載された。その後、多くの版元から出版。

第14話　ただそれだけなんだけど——柔軟性を奪え！

大丈夫と思いたいね。そこで、先ほどリバース・ラーニング（逆学習）を例に取って、一つのキャラからもう一つのキャラへの変更を完了しただけなら学習Ⅲではないって言った。学習Ⅲに上がるときには、学習Ⅱを達成してもそこに安住できない理由や葛藤がある場合が多い。手を替え品を替え、一つの学習Ⅱからもう一つの学習Ⅱへ移ったところで、結局何の問題も解決しないとわかったとき、キミどうする？　平行移動ではらちがあかないと……

チャンネルをいくら変えてもろくなのやってなきゃ、テレビを消して音楽にするって感じか？

そう、その際、論理階型は変わるよね。そのように学習Ⅱをいくら横並びに手を替え品を替えやってもだめなときに開始されるプロセスをベイトソンは学習Ⅲと呼んだ。ベイトソンが挙げている学習Ⅲの条件はいくつかあって、たとえば、（1）学習Ⅱの習慣形成を速くやってのけることができること、（2）学習Ⅲをしないようにさせている抜け穴をふさぐこと、（3）学習Ⅱで習得したことに変更を加えられるようになること、などはその一部なんだ。[1]

そんなんでも学習Ⅲに入るのか？　どれもたいした洞察でも悟りでもないじゃないか！　染み付いた習慣を変えるんじゃなかったのか？　そういう変更は容易じゃなく、言葉でかんたんに言えないんだろ。禅の悟りはどうなったんだ？

たしかに、悟りや洞察そのものじゃないね。でもそれへ近づくプロセスではあるかな。何か具体例があるほうがわかりやすいので、また英語の学習を例にしてみようか。まとめて言うよ。いろいろな単語を一対一の対応で覚えていくのをゼロ学習とする。たとえば、play＝あそぶ、run＝走る、などなど。単語を片っ端から覚えていっても定まった反応でしかないのでそれ自体はゼロ学習だ。ここはいいよね。

ってことは、電車の中で一生懸命単語帳にらんでる奴は、ゼロ学習か？　あれだって、何かの学習だろうが。まあ、いいか。それで？

それがどういうコンテクストにはまっているかと言えば、それは英語の文法構造だろうね。文法構造というコンテクストを覚えるというのは、つまりplayもrunも三人称単数のときは、playsや

runsになるということ。そのほかにも過去形や進行形を習う。文法はこれらの単語を使いこなすための関係図式だから学習Ⅰとしよう。ここでは当然、暗黙のうちに日本語の文法が選択肢としてある。では次に、この文法構造（学習Ⅰ）のコンテクストはと言えば、それは何だろう？

実際の会話場面か？

そうだよね。つまり、会話や文章などコミュニケーションに英語を使うことだろうね。このレベルでは、playはときに「あそぶ」ではなく「演奏する」として、runは「走る」ではなく「（お店を）経営する」として使われることだってある。これらができるのは、使い方をその場その場のコンテクスト（文脈、状況）に応じて判断できるからだ。つまり、文法構造のコンテクストを学習するってわけ。応用であるピジン・イングリッシュもここに入るかも。そして当然また、日本語が話せるという選択肢が暗黙裏にある。

おい、英語が使えるようになるだけで学習Ⅱって言ったが、それなら、翻訳や通訳はどうなるんだ？　ただ使えるとはレベルが違うぞ。それだって学習Ⅱになっちゃうのか？　たとえば、中学生がえいこらよっこら英文和訳するのと、村上春樹が小説を見事に訳すのも同じ学習タイプって言うのか？

ここでは説明のために学習の階層構造を使うだけなので、村上さんの仕事と中学生の英文和訳の価値が同じだとは言ってない、もちろん。ここは論理的な違いを問題にしたいだけなんだ。英語が使えるようになるということは、日本語との間を行ったり来たりできるってことでしょ。つまり、英語も日本語も（もしかしてピジン言語も並列に）クラス（集合）の中のメンバーで、それらを選択できるというような。

じゃ、その上にどんな論理的に違う学習があるんだ？　二言語に通じてりゃ、それはバイリンガル（bilingual）ってことだろ。言うことないぜ。話はそれでバイバイだ。

ダジャレを言ってる場合じゃない。この上があると思うよ。それは、二言語に通じていることのコンテクストとは何かってこと。言葉が自由に操れるようになるコンテクストは何かと言えば、一つには、それは文化だと答えることができると思う。言語使用のコンテクストになるものは、表情、ジェスチャー、仕草に始まり、そのときの社会的文脈、いつ、どこで、誰に、どの程度、何を言うべきかを学習していることが求められるでしょ。

理屈はそうかもしれんが、実際にはそりゃーどういうことだ？

そうね、たとえば日本とアメリカでは、人を批判するときの表現はそれぞれ違っている、よね。日本語と英語ができれば、いちおう相手にその批判の意味を伝えられる。でも、そこには言語以上の知識がいるんだ。批判がその人自身に対する批判と取られがちの日本に対して、アメリカでは必ずしもそう考えないから。

なんだそれは？

ぼくの経験ではそんな感じだ。アメリカでは仕事を批判されたら、それは、仕事を批判されたのであって、ぼく自身が批判されたのではない。なので、その批判は建設的な精神でもって発せられている。アメリカには、constructive criticism（建設的批判）という言い方があってね——これ習うのはちょっと大変なんだけど——人格からまったく離れてその人の意見や価値観を批判する練習をするんだ。意見や価値観はその人自身でないのだから、自己が攻撃されていることにはならない。

理屈はそうだが……

日本人としては、それを学習しなければその批判に耐えられない。とにかくアメリカ人は頻繁に批判する。だから英語をしゃべるということは、ここまで来ると、自分の人格の一部あるいは自己について考え方をある程度調整しなければならないことに等しい。

日本的自己が不適応をおこすってとこか？

そのとおりだと思う。これはアメリカにおける言語使用の文化的コンテクストなんだけど、日本とは事情が違う。なので、たんに英語がぺらぺらでも、アメリカは大嫌いという人も多くいる。べイトソンが言う学習Ⅲの中の定義、〝学習Ⅱで習得したことに変更を加えることができるようになる〟というのに近いと思うけど。それまで慣れ親しんできた自己に変更を加えるというわけだから。

そんなら単語を暗記するほうが面倒がなくていいぜ。たとえゼロ学習であっても。

そういう人にはいい言葉があって、それは、〝カリフォルニアほど住み心地の良いところはない――キミがもしオレンジだったらの話だけど〟っていうんだ……ごめん、ごめん、ちょっと口が滑ってしまって。

オマエの口の軽いのは救い難い、というかバカの一つ覚えだ！

単語のコンテクストが文法（学習Ⅰ）で、文法のコンテクストが会話（学習Ⅱ）で、会話のコンテクストが文化（学習Ⅲ）って考えたら整理できるかなと思って。

言葉をマスターして学習Ⅱ、その文化を学習して学習Ⅲってわけか？　何か違うような——屁理屈にも聞こえる。

これまでと同じ論法で、日本語を話す文化と英語を話す文化の間を行ったり来たりできるバイカルチュラル（bicultural）なら学習Ⅲに当たる。しかし、英語圏の文化に一方向的に移っても、日本文化を忘れてしまったらたんなる平行移動だから、学習Ⅱから他の学習Ⅱへの移動だけということになる。

それはわからんでもないが。

だから、学習Ⅲには逆に大きな柔軟性がかかわってくるでしょ。言葉を使うことの文化的背景（コンテクスト）がいくつかあって、それらを選ぶ学習をしてるのだから。

柔軟性なんかクソくらえだ。そんな説明いくら聞いても柔軟性は上がらん。第一、柔軟性の話をしておいて柔軟性を失っていく会話にどんな意味があるんだ⁉

たしかに。柔軟性を会話のテーマに選びながら、会話そのものが柔軟性を失っていくことは皮肉だけど……そうならないにはどうしたらいいんだろう？

そんなの簡単だ。柔軟性をもっと奪えばいいんだ！

えっ！　どうして⁉　それもうちょっと教えて。

つまりだなー、窒息するくらい柔軟性をなくせばいい……いやー、昔オレはある師匠について造園を学んでたことがある。五年間みっちりだ。師匠はオレの面倒は見すぎるくらいよく見てくれたし、オレもやる気が出て大いに勉強したもんだ。ずいぶん技を学ばせてもらった――その恩は深いもんがある。しかしだな、五年近く経ったあるときだ――その師弟の関係が、オレには大切なもんとわかっていても、息が詰まるものになっていった。あるときオレはハサミを草に投げつけて、「もうたくさんだ！」と叫んだんだ。何一つ師匠は悪くはない、愛情いっぱいでオレを育ててくれたんだから。ただオレの毎日からは余白がなくなっていって息苦しくなっただけだ。そのあと、オレは徐々に独り立ちしていった。

そうだったんだ。いい話だね。

柔軟性をどんどん奪っていったらどうなる、ものごとは？　もうやってらんねーってことになるだろ。

なるほどね、それが変化を生んで柔軟性につながるってことね。そしたら、ぼくらの会話も柔軟性を奪われたところが出発点になるってこと？

出発点だと？　余白とあそびがなくなって、オレはオマエのゴタクにつきあってるのに飽き飽きするってことだ。終着点だ。

ぼくは、これまでぼくが教えてると思ってたけど、そうでもないね。造園の話、すごく参考になる。キミほんとうはベイトソンのことよくわかってるんじゃないの？　その、余白と柔軟性がなくなるって話、もっと教えてよ。

なーんか、すりかえられた感じだな、関係が逆転したみたいで。ちょっと気持ち悪い。

今思い出してた。以前ぼくが分裂病（統合失調症）の家族を研究してたとき、患者の家族と話してて、誰が治療者で誰が患者かという当たりまえであるはずの役割が実質上どんどんすりかえられていったことがある。[3] 今思うと、あれって、身動きが取れなくなったコミュニケーションに柔軟性を与えるための、まったく理に適った行動だったんじゃないかな？

へえ、それがどうしたんだ？

いや、ただそれだけなんだけど。

註

1　グレゴリー・ベイトソン［佐藤良明（訳）］2000『精神の生態学』新思索社 p.412

2　あるテーマについて話し合うとき、その話し合い自体がそのテーマを映し出しているような場合、ベイトソンはそれをメタローグ（metalogue）と名付けた。

3　野村直樹・志村宗生・志村由美子・中村伸一・牧原 浩 1987「すりかえ――インターアクションの視点から」『家族療法研究』4-2 ; 137-146

第15話 学習III（結局のところ）——コンテクストのコンテクスト

第14話のところで、学習IIIを満たす条件を三つ挙げたの覚えてる？　学習IIIと呼ぶことができるある種の〝変化〟と言ったほうがより正確だと思うけど。

あー、それ何だったっけ？

一つ目は、学習IIを早く達成できるようになっていくこと。それから、学習IIIを妨げている要素を取り除くことができる方向へと行くこと。そして三番目、学習IIで覚えたことを変更できるようになること。この三つだったけど、いずれも何らかの変化をともなう。一番目と三番目はちょっと似てるね。

つまりだ、学習IIIってーのは、そこに到達した状態がどういうものかが問題じゃねーんだ！　学習IIなるもんを変更しようっていう試行錯誤のことを言ってんだな？

そういうことになるね。あれこれやっていく変化のプロセスが学習Ⅲということになる。で、実はベイトソンはもうあと三つ挙げていて——その四番目は、学習Ⅱが無意識に進んでしまう学習プロセスだと知ること。五番目は、学習Ⅱを自分で制限したり、方向付けたりすることができるよう自ら変化すること。そして、さいごに、学習Ⅱが学習Ⅰのコンテクストについての学びだったように、学習Ⅲは学習Ⅰのコンテクストのコンテクストについて学んでいくこと。これらの三つの変化も学習Ⅲの性質に入っている。[1]

そう言われてもよー、それだけで学習Ⅲが何なのかぜんぜんピンと来ないぜ。学習Ⅱについての学習が学習Ⅲだって言ってるにすぎん。まったく曖昧だ。それにだ、学習Ⅲっていうのは、学習Ⅱを早めたり制限したりと言ったが、いったい学習Ⅲによって学習Ⅱは増えるのか、それとも減っていくのかわからない。結局、どっちなんだ⁉

いい質問だと思うけど、学習Ⅲは学習Ⅱの量的な増加や減少じゃないと思うんだ。何が増えるかと言ったら、むしろそれは柔軟性（フレキシビリティ）なんだろうね——自分がこれまでの人生で獲得してきた個性、流儀、主義、前提、価値観、キャラクターなど、つまり学習Ⅱの、こういうものがフレキシブル（柔軟）になることを言ってるんだと思う。

へー、そんなのが学習Ⅲなのか。せっかく長い時間かけて勉強したり技を磨いたりしても、それが柔《やわ》になるんだとしたら、何の意味もない。オレなら願い下げだ。そしたら、学習Ⅲはやればやるほど自分が不確かなものになっていくじゃないか。どうしてそんなばかげた不都合がそもそも学習なんだ？

たしかに。そこはぼくも逆説的（パラドキシカル）だと思う。でも、結局、学習Ⅲが自己概念の何らかの書き換えだとしたら、それはその人の流儀や前提をいったんランダムにするしかない――トランプをシャッフルして新たなゲームを始めるときみたいに――自分をいったんシャッフルしてかからないと……

ばかばかしい。何のためにそんなことしなきゃならんのだ？

それは自分を縛っているものからの解放。矛盾の間で引き裂かれそうになっている自己を一段別の世界に飛躍させ自由にさせることじゃないのかな？　ま、こういう言い方をすると、格好だけだと怒られそうなのでやめるけど。要は、自分の人生にそういう学習Ⅲ的なものを想定する人としない人がいる。求めつづける人、求めずにはいられない人がいる……

しなくてすむんなら、そのほうがいいぜ。やっと獲得した技量やスタイルや得られた名声に安住してられるからな。それが安定ってもんだ。それに、世の中見渡してみりゃ、寿司屋の職人からスポーツ選手、芸人に至るまで、また経営哲学だってそうだ、その人の流儀がもてはやされるだろ？　それを確立することが人生の目的の一つじゃないか。

わかる、わかる。そういう考え方がキミの人生哲学で、キミの型みたいなものであって、それこそ学習Ⅱの賜物なんだろうけど……よくつくったよね。

話を茶化すな！　第一人をバカにしてる!!

ごめん、わるかった。たとえばね、ある子どもがつらく逃げ場のない家族関係の中で育ったとしよう。弱者である子どもの立場からすれば、その状況は言葉でとうてい定義できないし、変えることもできない。いわんやその場から立ち去ることもできない。こういうダブルバインド的な状況を考えたら、その子にとって自分を押しつぶしそうな世界から逃れるためには、自分というものの大きな書き換え、変更しか道はないかもしれない。そういう変化を求めずにはいられない立場もあると思う。

何もオレはそれを否定するつもりはないさ。窮地から脱するためにもがきが必要だったり、求道的なアーティストがたまにいることは認める。ただ、そういう学習を万人に要求するのは無理じゃないのか。思い出すにジョン・コルトレーン[2]というジャズ奏者がいて、彼は四〇歳で世を去った。彼は自分の演奏スタイルを最期まで変えつづけた。名声を得た演奏をあえてぶっ壊して、批評家たちの酷評を買った。しかし、結局コルトレーンはジャズ史上もっとも偉大な存在と言われる、マイルス・デイヴィスとは違った意味でな。ジャズの本質はその形式の変革なんだから。そういう偉大な例外的な人間はいるもんさ。しかし、オレやオマエのような凡人とは桁が違う。

それはそうだね。ベイトソンも言うとおり、学習IIIの達成は人間にとって容易なことではない。それはキミの指摘のとおり、自分というものを流動化させてしまう危険と隣り合わせだからだ。自分の世界や自分は誰かという見方、つまりは自己概念の大幅な再編成を意味するから。古いそれまでの自己は重要さを失ってしまう——〝俺が、俺が〟と言ってた自己概念そのものが無用になっていく。

だとしてもだ……

じゃ、ちょっと後戻りして、基本を押さえてからさらに先へ行こう。まず、人の性格といっても、それは蝋人形のように固まったものではなかった。ぼくという人間は、〝依存的〟だと言っても、〝執着心が強い〟と言っても、それはよく考えれば、関係の中で繰り出すぼくの〝役割〟であって、人間関係にかかわりなく——無人島にいる場合は別としても——〝依存的〟などありえない。

コミュニケーションの輪の中ではじめて〝依存的〟があるって言いたいんだろ。

そうなの。だから実際は、二者関係、三者関係ではじめて〝依存的〟は存在するけど、それを、〝ぼくは依存的な性格だ〟という一つの性格のカテゴリーに押し込めたのが学習Ⅱなんだ——世界を単純化することで。そこまではＯＫですか。

まー、そういうことになるか、性格に関してはな。

だから〝依存的〟のコンテクストは、二者関係、三者関係に見られるインターアクション、相互行為にある、と。このインターアクションの複雑な性質を、単純に言い当てたのが学習Ⅱということ。なので、この二者関係、三者関係のインターアクションのそのまたコンテクストを学ぶことが学習Ⅲになるはずだ、理論的には。

おい、目が回ってきたぜ……要するに、〝依存的〟という性格は、双方向のやりとりから抽出した一種の抽象ってことだろ。そんで、オマエはそれを〝世界の単純化〟だと評して単純化してんだろ！

はー？　こっちが目が回ってきた！　いや、キミの言うとおりだ。ここで話す理論だって、今テーマにしている〝性格〟だって、要は世界の単純化だと思うよ。ところが、二者関係、三者関係のコンテクスト、つまり無限に近い社会のネットワークを考慮に入れはじめると――つまりこれが性格を包むコンテクストのコンテクストに当たるけど――これを考慮に入れると、単純カテゴリーとしての〝依存的〟などぶっ飛んでしまう。

どういうことだ？

考えてもみよう。たとえば、実験室という場でのやりとりから人の反応のパターンを確定しようとする。ところがそこに仮説を検証したい実験者の思惑が入るとしよう。背景には、研究資金をもらった都合から学会発表しなければならないプレッシャーがあるとする。いついつまでに文部科学省に報告書を提出する義務がある。仮説を検証できる予測をもって下りた莫大な研究資金に見合うものを出す必要がある。成果を出さなければ次年度の科学研究費は取れないという不安もある。そして、心理学者同士のライバル競争がある、などなどだ。実験室外のコンテクストを考慮したら、それは結果に対して破壊的だ。

で、何が言いたいんだ？

そればかりか、前にも言ったけど、昨日の実験で一五人からデータを取り、今日の実験でまた取った一五人分のデータは、当然同じサンプルに入れられるだろうけど——厳密には時間が違えばそのセッティング（コンテクスト）は同じではない。実験というコンテクストのコンテクストを無視しなければ結果はまとまらない。

で？

で、何が言いたいかっていうと、学習Ⅲはこういう単純化をぶっ飛ばす方向へと進むことだから、ものごとは単純世界に収まらなくなるし、世界はマルチ化し、自己という概念すら嘘っぽくわざとらしく聞こえてくる。底の抜けたような自由を得るか、その大不安定の渦に溺れてしまうか、というきわどいことになる可能性もある。

横断歩道一つまともに渡れない廃人ができるのが関の山さ。

註

1　グレゴリー・ベイトソン〔佐藤良明（訳）〕2000『精神の生態学』新思索社 p.412

2　藤岡靖洋 2011『コルトレーン——ジャズの殉教者』岩波新書

第16話　ドン・キホーテ、フーテンの寅さん、ムイシュキン公爵

おい、オレ思ったんだが、〝天才とバカは紙一重〟ってよく言うだろ。もしかするとこの話と関係してんじゃないかって。凡人にゃ天才かバカかがわからん——あんまりケタが違いすぎて。

測る物差しがないってこと？

っていうか、偉大かどうか何年も経たんとわからんみたいな。〝速い物に乗ると時間が縮む〟ってアインシュタインの話も、実験してはじめてほんとうかってわかる。

そうだね。いきなり時間が縮むと言われても……ピンと来ないよね。〝天才〟とか〝バカ〟と言っても、それって相手の言動からこちらがそう感じるって話だから、この人、絶対に天才とかバカとか決めつけられないんじゃない？

オレが言いたいのはだ、たとえばウィリアム・ブレイクの詩があんだろ、ベイトソンも引用してる……

一粒の砂に世界を映し
一輪の野の花に天国をのぞき
かた手のひらで無限をつかみ
ひとときの中に永遠をとらえる[1]

ってやつが。こういう人物が稀だがいるんじゃないかってことさ、学習IIIにとどいたようなさ。

あ、そういうことね。たしかにベイトソンは、学習IIIのレベルに到達した感覚をその詩に託してるね。それって、ふつう言う自己が問題でなくなるような洋々とした気分、大洋的感覚というものでしょ。でも、それは学習IIIがいい意味で創造的な方向に行ったときの話らしいよ。なのでその反対もありえて、落伍者には精神的混乱や横断歩道が渡りにくくなる恐れだってあるのだろう。

ただな、たとえばドン・キホーテなんかは、騎士物語の読みすぎで頭がヘンになったのかもしれんが、世界中で愛されている。[2]素朴でピュアな精神が人気を呼ぶ。羊の群れを本物の大軍と間違えて猛進して負傷するのは、バカげてるし、幻想に惑わされてのことだが、一方その騎士道精神の気高さにみんな賞賛を送りたくなる。

うん、マドリードのスペイン広場にある馬上のドン・キホーテ像、りりしさや気高さをよく伝えてるね。そういう人物は、言い伝えや小説の世界ではよく出てきて、『白痴』の主人公、ムイシュキン公爵なんかもいい例だと思うよ。[3] 彼の人間的な美しさと引き換えに起こる騒動と困惑。小説だけどあんまりにもリアルだ。ぼくらのよく知ってる寅さん（『男はつらいよ』）だって、その純な精神は映画の中だけに留まらない。寅さんの自由な生き方や愉快な性格がよく話題になるよね。ときには憧れたり。でも、寅さんの家族も混乱するし、まわりは寅さんをバカ呼ばわりする。なかでもあるエピソード、寅さんが急にウィーンに行くことになって、モーツァルトの銅像を見て偉大な人だと知る。[4] 寅さんはヒロインの女性にあとでこう聞くのね、〝クミちゃん、あのモッツ・アルトさんてーひとは、そんなにもエラい人なのかい？　上野の西郷さんと比べてどっちがエラいんだい？〟と。寅さんがあんまりまじめに聞くから、モーツァルトを知らなかったという驚きとそれに続く大笑い。ウィーン旅行に来てだよ。寅さんの無学と素朴さがまわりを明るくさせてしまう。これなんか……

そんでオレはな、そういう境地が実際学習なのかどうがが知りたいんだ。ってーのは、ドン・キホーテにしろ寅次郎にしろ、学習の結果そういうのに到達したとは思えねーんだ。つまり、試行錯誤の結果として素朴で無垢な心が生まれたようにはな、どうも思えん。初めからそういうのでスタートしてんじゃないかと。

だからそれは学習Ⅲとは呼べないということだね。到達した境地はよく似てても、そこへ行くプロセスが存在しないのだとしたら、それは、学習Ⅲに似て非なるものだと。

そうさ、学習Ⅱに揺れがおこって、そこから一段高い枠に向かう経緯が学習Ⅲだとすりゃ、そういうことになるじゃないか。

いい点だ。ただ、そこは微妙かもしれないよ。寅さんやドン・キホーテの言動が学習の結果じゃなかったと断定できないし、何らかの試行錯誤の結果なのかもしれない。

そんなバカか阿呆か知らんようなものをもって学習とするのか、もっと厳密にオマエが以前言った英語学習のときのようにはっきり定式化できるものを学習とするか、そこんとこをはっきりしなければ理論自体使い物にならん！

それはそうだね。ただ、ぼくはブレイクの詩にあるような状態に到達することだけが学習Ⅲだと思いたくないよ。むしろ何をゼロ学習、学習Ⅰ、学習Ⅱとするかによって学習Ⅲの様相も変わってくる、と思いたい。そうしないと、せっかくのベイトソンの学習理論の可能性が損なわれてしまうから。

†

そんならそれはいいとしても、空論じゃしょうがないぜ。具体的にはどう実生活に学習Ⅲが表現されるって言うんだ？　それがなければ観念論だ。

それじゃ、子育てするあるお母さんの例から話してみるね。[5] じろうくん（仮名）は生後一〇カ月くらいから自分で頭をテーブルや床にゴンゴンすごい勢いで打ち付けはじめた。このゴンゴンによって一歳六カ月頃にはじろうくんの額は赤黒く変色し痛々しかった。お母さんは当然ながら危機感を募らせ何とかとめようとあれこれ試行錯誤してみた。禁止してもだめなばかりか、何かを伝えているのかといろいろ探すがだめで、仕方なく柔らかいものを敷いても、じろう君はそれを避けて硬いところで頭を打ち付けた。そんななか、お母さんはあるコミュニケーションを発見する。それは、打ち付けはじめてもしばらくは手を出さず、頃を見計らって近づき抱きしめて、〝どうしたの、何が嫌なの〟と聞いたあと〝ごめんね、ごめんね〟と何度もじろうくんに言うというものだった。するとじろうくんは〝いいよ、いいよ〟と応えて気持ちが収まっていき、ゴンゴンがとまる。お母さんが謝る理由は表面上にはないが、どこかのレベルで会話は噛み合っている。この〝ごめんね－いいよ〟コミュニケーションの発見がきっかけとなり、さらにお母さんは〝どの子もみんな成長する〟、つまりこれからじろうくんも――今たとえゴンゴンが完全に消失しなくても――いずれ成長し変わっていくという確信をもつことができた。

へー、すげえ。その〝ごめんね－いいよ〟コミュニケーションっていうのはおもしろいじゃないか。

そうだね、とても巧みで両者の息が合っているものかもしれない。そこでこれを学習理論に当てはめてみるよ。じろうくんのゴンゴンからお母さんはショックを受ける、毎回、毎回。これをゼロ学習とする――反応が固定しているから。すぐに試行錯誤、トライアル・アンド・エラーが始まる。禁止する、だめ。柔らかいものを敷く、だめ。ところが、じろうくんの好きな信号を見に行くと、それなりの効果がある。また掃除機の音を聞かすと、これも効果あり。そこで一時的に効果のあるものがわかる。これを学習Iとしよう。しかし、掃除機も信号も決定打ではない。そこで、〝もの〟や〝こと〟でやめさせることからお母さんは目を転じて、〝関係性〟に目を向ける。〝ごめんね

－いいよ〟コミュニケーションの発明だ。新たな母子関係の創造だろうか？　少なくともこれは前の〝もの〟や〝こと〟とは次元が違う。だから、この〝ごめんね－いいよ〟コミュニケーションを学習Ⅱとする。画期的なワン・ステップだった。そしてその後、じろうくんのゴンゴンは完全に消失はしないが、お母さんは、変化、成長、進化に目を向けはじめる。どんな子だって成長して、変わっていくんだ、と。つまり、成長を信じてその時その場に対応していく、それだけでいい、とわかったことを学習Ⅲとしてみよう。〝もの－こと〟から〝関係性〟へ、そして〝ともに成長、変化〟というようにお母さんの焦点が静から動へと移っていった。

それはいいが、じゃ、子どもはどうなるんだ？　母親が学習Ⅲに向かったってことなら子どもは？　子どもだけは置いてけぼりか？

母子が観察のユニット（単位）になっているのなら、ここまでの説明は全体の半分でしかないね。じろうくんの学習とは、いったいどんなものだったんだろうか？　もちろんじろうくんから証言はもらっていないので想像してみるしかない。お母さんの話によると、〝すべてが嫌だ〟という気持ちを表現する手段がじろうくんのゴンゴンらしい。他の方法では、この〝嫌だ〟は表現できないとすると、じろうくんにとってゴンゴンはゼロ学習だ。〝嫌なこと〟でスイッチが入って、いつもゴンゴン。ところがそんなとき、お母さんがぼくの好きな掃除機の音を聞かせてくれる。あるいは外に出て、信号機の変わるのを見せてくれる。そんなときは、〝嫌だ〟という気持ちが収まるときがある。これは〝嫌だ〟即ゴンゴンというゼロ学習からの脱却なので学習Ⅰ。その他もろもろの方策で一時的にぼくのゴンゴンは収まることがある。でも、ぼくはそういう特別な〝もの〟や〝こと〟が最終的な答えだとは思わない。だって、ぼくの〝嫌だ〟は、ぼくと世界との関係すべてなんだから。ところが、その関係に働きかけてきたのが、お母さんからの〝ごめんね〟だった。お母さんはぼくをこういう子どもに生んだことも含めて謝っている。それにはぼくも反応しないわけにはいかない、たとえ〝嫌だ〟はあっても。ぼくは、そんなとき、〝いいよ〟って言える。これが学習Ⅱ。で、最近お母さんは、前のようにぼくがゴンゴンしても、パニックで真っ青になって飛んできてとめようとはしない。ひと呼吸その間にあって、ぼくのやってることを認めたうえで何か働きかけてくる。ゴンゴンはぼくには〝嫌だ〟の自動スイッチではなくなって、使ったりやめておいたりできる選択肢になってきた。これと同時にゴンゴンは〝嫌だ〟を伝えるぼくらしい表現になってきた。それを表現として認めてもらっている。こんなゴンゴンをぼくは将来やめてしまうかもしれないけど、ゴンゴンはぼくとお母さんが特別な絆を保ってきたコミュニケーションのかたち——ぼくが生きている証のように思えてくる。それが学習Ⅲ。

なるほどと思わず言ってしまいそうだが、そんな作り話でオレが納得すると思うか。じろうくんだって、そんなふうに勝手に片付けんなと言うかもしれんぞ。たとえ百歩譲って、それが大方あたってるとしても、この話がどんな役に立つって言うんだ？　母と子の関係にどういういいことがあるんだ？

何ていうか、バーゲンセールで得した気分とは違うかもね――目に見えてわかりやすい、いいことと違って。だって、身に染み付いたことがぐらつくのは、いいとも言えるし、困ったとも言えるじゃない。

どういう意味だ？　もっと具体的に言わんとわからん！

今〝身に染み付いたこと〟ってぼく言ったけど、つまり学習Ⅲというのはそういうように自分の中の暗黙の前提が、あらわになったり（発見されたり）、ぐらついたり（柔軟性を得たり）、変更されたり（改良されたり）という〝変化〟のことでしょ。じろうくんのお母さんの学習Ⅱ、つまり〝ごめんねーいいよ〟コミュニケーションには、お母さんの無意識の（隠れた）前提があったとしよう――じろうくんの〝ゴンゴンをとめたい〟という。お母さんはその自分の前提をオープンにして、疑ってみた、柔軟性をもたせてみた。すると、子どもは成長していくし、ものごとは変わるべくして変わるという新たな地点が見えてきたんじゃないかな。ここまで歩いてきてはじめて、その頂が遠くに眺められた。言い方を変えると、〝ごめんねーいいよ〟コミュニケーションは、ゴンゴンを〝とめるための〟ものではなかった。それは二人が共に歩調を合わせて変わり〝成長していくための関係確認であり、またスターティング・ポイントだった？

おい、子どものじろうくんには、隠れた前提はなかったのか？

あっ！　今度聞いておくね。

註

1　ウィリアム・ブレイク〔松島正一（編訳）〕2004『ブレイク詩集』岩波文庫 pp.318-319
2　ミゲル・デ・セルバンテス〔会田由（訳）〕1987『ドン・キホーテ――前篇Ⅰ・Ⅱ』ちくま文庫
3　フョードル・ドストエフスキー〔木村浩（訳）〕1970『白痴（上・下）』新潮文庫
4　山田洋次（監督）1989『（映画）男はつらいよ』第四一作『寅次郎こころの旅路』
5　山本真実 2012「子どもと母親のコミュニケーションに関する研究――療育教室に参加する子供と母親のユニークなコミュニケーション」（名古屋大学大学院医学系研究科博士研究）を参考。

第17話 学習Ⅲのメリット？――〝がんばろう、日本〟

学習Ⅲを達成したところでよ、そのために病院行きとか、世間にバカされるんじゃ、どうしようもねーぜ。オマエ『白痴』の結末、知ってんのか？　けっきょくムイシュキン公爵、スイスの療養所に逆戻りだ。ほんもんの白痴になっただけさ。何が学習Ⅲだ⁈　悲劇だ。そこんとこ、ベイトソンはどう考えてたんだ？　オレにはその思考自体まともとは思えん！

ちょっと落ち着いて、学習Ⅲの特徴を振り返ってみようか。自分の性格、価値観、流儀、原則、こういう幼少に端を発する変わりにくい強固なもの、これが学習Ⅱだったね。〝三つ子の魂〟ってやつ。ところが、何らかの事情で、この学習Ⅱの背後にある暗黙の前提が見えてしまい、それに疑問の余地が生まれる。嘘っぽく感じる。そんなとき人はどうするだろう？　何とかしようと試行錯誤する。それが学習Ⅲだ。だから一概にそれを〝良い〟とか〝悪い〟とかは言いにくいんだ。じろうくんの母親が〝ごめんねーいいよ〟コミュニケーションに留まってても、それに疑問をもって歩きはじめても、どちらも悪くはない。

そんじゃー、学習Ⅲのメリットはいったい何なんだ？　良いも悪いもないんなら、要するにどうでもいいってことか？

文豪トルストイはね、ムイシュキン公爵について、〝これはダイヤモンドだ、その値打ちを知る者にとって〟と絶賛したそうだよ。この地上でもっとも美しい人間の一人と出会った喜びのように聞こえるけど。でね、そもそもぼくらが良いの悪いのと言うとき、それって誰にとって良いんだろう？

そりゃー、本人にとって良いことに決まってるだろうが。

本人って？

当事者だ。ま、この場合、オレってことか。

ふつうそうなるよね。じろうくんのお母さんも感じたんじゃないかな、想像だけど。ゴンゴンがとまってほしいと思ってるのは〝この私〟なんだって。

えー？　意味わからん！

ほんとうの思考の単位は、〝私〟じゃなくて、〝私＋じろう〟って気づいたのかもしれない。

だとしたら、なんだ？　あ、そうか、〝私〟において良いことっていうのが、〝私＋じろう〟にとって良いこととは限らないと。そう言いたいんだな？

そうだね、思考のリズムが変わるというか、現実の区切り方が変わるというか。「私／私／私」という区切り方から「私＋じろう／私＋じろう／私＋じろう」というふうに世界の区切り方が変更されるということかな。二〇一一年は東日本大震災があって、この悲劇を日本中が我がことのように受け止めた。そして一人ひとりが自分も何かできるんじゃないかと心を砕いた――高校野球児まで〝がんばろう、日本〟って甲子園ではヘルメットに印字して。それって、「被災者＋私」という世界の区切り方が思考の単位としていくぶん採用されたってことじゃないかな。

それはわかるが、そのことと学習IIIがどう関係するんだ？

他人のことを自分のこととして見られるとすれば、それって大きな変更だと思うんだ。ベイトソンは学習Ⅲは自己の再構成をともなうと言ったけど、だとすると、自分や自分の周囲さえ利すればいい、というところから一歩出ることは、学習Ⅱから一歩出たことになるんじゃないかな。

そりゃー、容易じゃないだろうが、今のオレたちには、そういう学習は不可欠だと思うぜ。

ほんとにそう思う？　人が変化して、成長していくことを考える際に、この学習Ⅲというコンセプトが有ると無いとでは、未来に対するヴィジョンに大きな差が生まれると思うんだ。ぼくたちはふつう教育を受ける際、自分の目標をもつ、夢を叶える、専門家になる、尊敬される人物になるなど、それなりにゴールを掲げる。達成すればそれだけでもすごいことだと思う。でも、どれをとっても〝自分のこと〟だよね。そういう思考にまったく問題はないのだろうか？　そのまた先もあるってことが、想像だけかもしれないけどわかったら……何かこう自由になるっていうか、洋々とした気分にさせてくれない？

そんなもんかなー。ヴィジョンと言われてもピンと来ねーが、言ってる理屈はわからんでもない。そんで、結局、学習Ⅲのメリットって何なんだ？

何なんだろうね？　単純に、良いとか悪いということじゃないのだけは確かみたい。

オレ様中心っていう狭い舞台から広々とした世界に出るというのはいいとしてもだ、一粒の砂に世界を映し、片手のひらで無限をつかむなんていうのを、誰が望むかってことだぜ、つまるところは。

ぼくは、誰もが学習Ⅲを目指さなくてもいいし、それは自由だと思う。ただ、科学が発展し、利便性が追求され、競争を旨とした二〇世紀は、ぼくたちから多様な言葉を奪ってきた世紀だって気がするよ。科学の言葉がいつも先行してしまうことで。

何でもいいから奪い返してほしいもんだぜ。

アインシュタインの理論どおり時間が場所によって異なって進むように、ベイトソンの理論どおり考えれば、学習Ⅲという空間はたしかに存在する。これまでの社会科学は、理論的にこの空間の説明がつかないということから、ないもの、扱えないものとしてきた。そして、この領域に関しては、アートや宗教におまかせで、社会科学は狭い実証主義[1]の中に留まった。

もう少しましな社会科学になってもらいたいもんだ。オレだってそう思う。オマエが言いたいのは、社会科学の射程にこの学習Ⅲが入ったほうがいいってことなんだろ――そのヴィジョンとかが広がってよ。それはいいとしてもだ、オレとしてはここんとこをはっきりしときたいんだ。つまり、ベイトソンは、学習とコミュニケーションを同じと捉えて、ともにふるまいの変化として話してきた。この前提はいいこととしよう。なんでなら、コミュニケーションがおこれば必ず何らかの変化もおこる、その変化を学習と定義したんだからな。そこんとこはしょうがない。ただ、オレも話してきて、そう定義したから見えてきた新しい学習の世界があるってことはわかる。そこがベイトソンの偉いところかなと思う。

うれしいね、そう言ってもらえると。ただ、一部の教育現場では、これを考慮すると混乱もおきるね。個人競争でやってる大学受験で、〝大丈夫ですよ、私が受からなくても。誰かは受かるんだから、世の中プラスマイナスゼロじゃないですか〟なんて言ってたら受験制度が成り立たなくなるね。

いいじゃねーか、たまにそういう受験があったってよ。世の中広いんだ。そうすりゃー、人間だって、質的にちったー変わるってもんだ。あっ、それで思い出した。オレがさっき聞きたかったこと……つまりな、人間ってーのは、どこまで変われるんだ？　学習の上限ってのはあるのか？学習Ⅳっていう可能性はないのか？　人間の質的変化ってのはありえるのか？

来たね、この質問。サイコーの質問だ。その質問の仕方自体に答えの一部が含まれてる。どんな生物にだって遺伝的に学習の上限が定められているよね。ウズムシ（プラナリア）みたいな原生動物では学習Iがやっとのところだろうし、ライオンやニホンザルなど哺乳類なら学習IIまで行くけど学習IIIは無理だとか。人間は、ときに学習IIIを達成するが学習IVは無理、なんてぐあいに。だから人は質的に変われるか否かではなく、どのレベルまで変化や学習が可能か、という問い方に変わるね。キミの質問にはその前提がすでにあるぶんだけ、答えになってると思う。

てーことはさ、それぞれの動物はその種に見合ったレベルまで学習や変化が可能ってことだな。しかしだ、長い進化のプロセスで、種自体が変わってきたんだろ？　そんなら、その上限だって進化とともに変わってきたんじゃねーか。遺伝的な上限はどこにあるんだ？

それはきっと誰にもわからない。論理階型では、枠（クラス）とその枠の中に選択肢（メンバー）が可動域としてあるよね。そして、次にまたその枠自体がメンバーとなって、さらに上の枠が想定される。

例の階層構造だな。

そう。そして、それぞれの枠と可動域は固定的ではなく相互に作用し合ってて、両者は共に変化する[2]。それで長い進化の歴史では徐々に学習の上限が上の論理階型へと次第に引き上げられてきた。つまり、シンプルな動物ではオートマチック（自動的）な行動がほとんどなので、それを本能とか言うじゃない。つまり、ゼロ学習か学習Ⅰがやっとなんだ。ところが哺乳類に近づくにつれ、学習のレベルは徐々に上がっていく、学習Ⅲが可能になったように。その上は遺伝的な制限がかかっている。

おい、学習Ⅱまでは哺乳類ならふつうのことと言ったな。そんなら将来ヒトが進化して学習Ⅲまでが当たりまえになったら、そりゃー大きな変化ってことか？

そういうことだね。ぼくはね、学習Ⅲがふつうになるようにヒトが進化を遂げたら素晴らしいことだと思うんだ。たとえね、それで学習Ⅲが達成はされなくても、それを念頭に試行錯誤を始めるところまで日常生活に組み入れられたら、とてもいいことだと思うんだ。

どういうふうにいいんだ？

自己の利益をマックスにしようという価値観は、二一世紀には限界が来るように思える。地球環境が変化して経済がグローバル化するなかでは、こういう発展形式では人類はもうもたない気がする。だからヒトはコミュニケーション自体を進化させないと。

コミュニケーションを進化させる？　おい、待て！　進化ってそんな軽い話なのか？　オマエ進化論わかってんのか？　進化ってーのは、地上を歩いてたウマみたいなやつが天敵のいない食べ物が豊富な海に生活の場を移した、そうして何万年かたって今のイルカやクジラになっていった──そういう話だろうが。

そのとおりです。でも進化論にもいろいろあって、ダーウィンが考えたのだけが進化論じゃあない。第一、進化を目撃した人なんて誰もいないし。霊長類学を興した今西錦司にも「棲み分け理論」をもとにした独自の進化論があるね。[3]

進化論と言えばダーウィン。そう思ってたぜ。

ダーウィン説はたしかに有名だけど、競争原理をベースにしているのが良いのか悪いのか。彼がやりたくてできなかったことが一つあってね、それは、心の進化というかヒトのコミュニケーションの進化の問題にメドをつけることだった。これはダーウィンにもできなかった。[4]

そんなんに関心なかったんじゃねーか？

いや、あったようだよ。そもそもヒトが地上に生存可能な生物としてありつづけるには、たとえば身体機能や形状が変わるよりも、学習能力が上がったほうがいいって思わない？　形質の変化よりも、状況の変化に対応できる能力があったほうが。

それが学習Ⅲだってことか？

断定はできないけど、学習Ⅲのようなものかもしれない。まれで突然変異的な出来事としての学習Ⅲが、ふつうに見られる当たりまえの現象となっていったとしよう――ちょうど学習Ⅱがヒトという種にはふつうの学習能力として遺伝的に保証されているように。学習Ⅲがもし遺伝的に保証されるようになったとすれば、それはＤＮＡという遺伝情報の変更にかかわるわけだ。心理の変化じゃなくて構造の進化だから、それはまさにダーウィンにとって中心的な議題になってくる。

アバウトにはそうかもしれんが、オマエの考えは甘い。生物学的な提案をしようってんなら、学習Ⅲをきっちり定義しなければ話にならんぜ。学習Ⅲに向かうプロセスも学習Ⅲを達成したあとの結果も、どちらも学習Ⅲだとするような曖昧さが許されるわけない。オマエみたいなへぼ学者の言うことを誰がまともに相手にするもんか⁉　学習Ⅲという領域は想定されるとしてもだ、それがどう進化の問題とかかわってくるかは、そりゃー複雑に絡んでるに決まっとる——そんな生半可な知識で片付けられん。

註

1 実証主義／経験的事実に即して考え研究する姿勢。超越的なもの（神、神秘など）の存在は認めない。心理学実験やアンケート調査などはこの例。

2 体（細胞）の変化と遺伝特性の変化の相互関係についてベイトソンは以下で見解を述べている。（a）グレゴリー・ベイトソン［佐藤良明（訳）］2000「進化における体細胞的変化の役割」『精神の生態学』新思索社、（b）グレゴリー・ベイトソン［佐藤良明（訳）］2006「第六章　大いなる確立過程」『精神と自然』新思索社。

3 今西錦司／一九〇二年生まれ。文化人類学者、霊長類研究の創始者。カゲロウが住む場所によって新たな亜種を形成することから「棲み分け理論」を提唱した。分類学上の種ではなく、コミュニケーションによって構成された種社会をもとに考察し、ダーウィン説を批判した。名著『生物の世界』を一九四一年に出版。

4 ダーウィンはヒトの心と行動の進化にも関心を払い、感情や心理、道徳心が自然選択によって形作られてきたと考えた。のちにこうした考え方は進化心理学に影響を与えた。

第18話　ハシゴの外から――限界と可能性

ということで、この辺でベイトソンの学習理論の限界も話しておこうかな？

おい、待ってくれ、オレはだな、まだイマイチ学習Ⅲの中味がピンと来ねえんだ。学習Ⅱについての学習ってことは頭ではわかる。しかしだ……んで、けっきょく、学習Ⅲって何だって言いたいんだ？　良いとも悪いとも言えない代物ってことがよー、何て言うかな……

じゃ、再度説明するよ。たとえば、男性雑誌に〝大人の流儀〟という特集が出てた。それは、やっぱり〝流儀〟があることが、〝かっこいい〟とか、〝男らしい〟とか、一般的にそう思われてるからだ。世間での肯定的な評価が特集の背景にあるんだと思う。だって、〝ダサイ服の着方〟の特集号、売れると思う？

何が言いてーんだ？

つまり、流儀や型っていうのは、その人が自分なりに試行錯誤してつくりあげた学習IIってこと――それはある意味、目標というか理想でもあるし。相撲の力士にはスタイルがあって、それぞれが優勢になれる型があるでしょ。〝相手にまわしをとらせない〟とか〝左まわしをひきつける〟とか。これは何のためかと言えば、勝率を上げるためだ。そういうわけで、勝つためとか、かっこよくするためとか、ものごとを上手く運ぶためとか……

それでいいじゃねーか？　何の不都合があるんだ？

不都合はないかもね。でも、もしその人がそういう段階にいることに飽きてきたら？

そしたら、やめりゃーいいんだ。

そうかな？　そこから退場するかわりに、もっとその上を目指すんじゃないだろうか。型がありながら、その型に囚われないさらなる型を求めたり……流儀があっても臨機応変、意固地に自己流を押し通さない柔軟な姿勢を求めたり……

やっぱりそれでも流儀は流儀だろうが⁉

そうかもしれない。でも、流儀Aから流儀Bへといった平行移動とは違う。

で、この学習理論の弱みってのはいったい何なんだ？

ごめん、その前にもう一点。どんなスタイルも確立したらマンネリ化するってわかるよね。慣れてきて自然体になるのが悪いわけじゃないけど——新しい進展にはつながらない。閉塞感に陥る。ある禅の老師がね、〝慣れたらいかん、慣れたらおしまいじゃ〟と言ったそうだけど、マンネリから出ていこうとするのも学習Ⅲだろうね。

そうかー⁇　それってヘンじゃねーか？　スタイルの確立がマンネリ化するんなら、そりゃー学習Ⅱじゃなくてゼロ学習だろうが⁉　反応が一定でしかなくなるのはゼロ学習だってオマエ言っただろ？

そう、そこなんだ。そこに理論の曖昧さがあるでしょ？　つまりね、学習Ⅱであれ Ⅲであれ、もしも反応が一様に定まってしまったら、それはゼロ学習だった。ということは、どんな学習でもそのすぐ脇にゼロ学習が控えていることになる。単に０－Ⅰ－Ⅱ－Ⅲという単一の論理階型のハシゴ（梯子）だけじゃないことになるでしょ。

もう一つ脇に別のハシゴがあるってわけか?!

ま、理論の特徴と言ってしまえばそれまでなんだけど、ここではハシゴはずっと一本のつもりで、途中で枝分かれしたりして複数にはならない。ある学習についての学習についてのそのまた学習、というように階型は上がっていくけどね……

でも、それを横から登って眺めるハシゴがないってわけか？

そう、それはベイトソンも気づいてて、それでこう言うんだ。論理階型の異なる学習間の関係は、この図式のどこにも入らない。つまり、たとえばだけど、学習ⅠとⅡの関係についての学習を分類する場所がない、と[1]。

関係についての学習？　どういうことだ？　何かわかりやすい例を出せ、例を。

わかったよ。じゃ、前の英語学習の例からね。単語の丸暗記をゼロ学習とおいた。すると単語を使って文法どおりに文を作り上げる学習は学習Ⅰ。それで文章を使って会話や作文で実際に表現する学習は学習Ⅱになる。そこまでいい？

いい。

この場合、〝単語の学習と文法どおり英文を組み立てる学習〟（ゼロ学習と学習Ⅰ）の関係と〝文法どおり英文を組み立てる学習と会話や作文などへの応用の学習〟（学習ⅠとⅡ）の関係とは質が違う。たとえば、単語と英文の組み立てとの関係には文法構造がかかわってくるだろうけど、英文の組み立てと会話との関係にはその人のおしゃべり度、つまり話好きかどうかという心理的傾向が関わってきたりする。関係の質が違うよね。異なる表情をもった関係性はどこに分類するのか。この図式のどこに入るのか。

へー、そういう意味か。しかしだな、よく考えてみろ。学習の段階を横から言葉で解説すること自体、そのハシゴからは離れたもう一つのハシゴに登ってることにならないのか？

ドンピシャ。そのとおり。上手く図式には収まらなくても、その学習のステップについて語ることが、もう一つのハシゴを前提にしているよね――現象の外側からそれを語っていることになるから。それはもう実質的には違ったハシゴと言っていいだろうね。

そうすると複数のハシゴが形式として組み込まれてない点がこの理論の弱みってことだな。てーことは、ベイトソンの学習理論がカバーできない領域があるはずだと。そりゃー愉快だ。いったい何がそうなんだ？　この理論からすくいとれないものがあるとすりゃー何なんだ？

アートや文学がそれに当たるんじゃないかって、ベイトソンは言ってる。階型論だけでは語りにくいものがあっていいと思う。アート作品って学習間の関係について言っている場合が多いので。

おい、前のところで実証的な学習モデルでは語れないアートもベイトソンの学習理論で語れるって言わなかったか？　おかしいじゃねーか。

記憶力いいね。ベイトソンもその辺をほんとうは語りたいんだろうけど。この理論でじゅうぶんってわけじゃないから。

どの辺がこの理論では届かないところなんだ？

たとえば、学習Ⅱでできあがったその人らしさの中に潜む無意識をあえて表現するとか。一段上の学習との関係、あるいは一つ飛び越えた上との関係について表すとか。そこでは学習Ⅰを使って学習Ⅲを述べたり、学習Ⅱを飛び越えて……

なんのことだ？　雲をつかむような話だ。何が言いたいのか、視界ゼロだ。

ごめん、ごめん。たとえば、ピカソの絵を思い出して。ピカソはもの凄い素描力をもっている。ドラ・マールという女性を見事なまでにリアルに描くことができる。ところが、それらはできても、ドラ・マールは――「泣く女」に見るように――とてつもなく変形せられ、描き手と彼女との関係がドラマチックに表現される。絵はドラ・マールという女性の絵でありながら、ピカソと彼女との間に流れた時間、因縁を描いている。異なる論理階型が同時にディスプレイされる。

そんなもんかなー？　ピンと来ないな。

そうかなー。じゃ、それなら今度は俳句。「閑かさや　岩にしみいる　蝉の声」――どう？　知ってるよね。

ああ、松尾芭蕉の『奥の細道』だろ？

そう、これは山寺、山形県の立石寺へ行けば小学生でも写生できそうだ。あるいは、蝉の声をリアルに聴きたければハイテク機器で録音すればいい。でも、写生や録音をどれだけ洗練させてもこの俳句に及ばない。それはなぜか？

そりゃー、当たりまえだ。こっちは文学なんだ。写生大会とはレベルが違う！

そうだね、芭蕉がそこを訪れたとき、岩山に点在するお堂は戸を閉め静まり返っていた。聞こえてくる蝉の声が岩肌に染み込んでいくようだった。それは思うに、蝉と岩山との関係を〝しずかさ〟でつなげることで、自分と世界との関係も〝しずかさ〟でつながっているって言ってるのかな。つまり、異なる論理階型にあるものをパラレルに表現しているのかもしれない――ぼくの勝手な解釈だけど。

ああ、じつに勝手な解釈だ。第一、〝しずかさ〟ってーのは、〝閑かさ〟と書くわけだから、これには〝誰もいない〟という点が大切だ。要するに、誰もいないところにいる自分と誰もいないところで鳴く蟬がパラレルであって、蟬の声が岩に染み込むように自分の存在もその場に溶け込む、って言ってるんじゃねーのか？

素敵だね。そっちの解釈のほうがいいかも。アートの世界では解釈に幅があっていいので、論理階型間の関係はいろんなふうに解釈される。共通してるのは、その間の関係性を読もうとしているところだよね。つまり抽象レベルの違う学習をとなりのハシゴに登って見てみようって感じで。

まーいいや、その程度にしとこう。文学や絵にはあまり深入りしたくない。ところでよー、学習Ⅲってのは必然なのか、それとも偶然なのか、その辺りはどうなんだ？

それもいい質問だねー、考えてもみなかった。偶然か……？

なに感心してんだ！　オマエ言っただろ、ベイトソンによると人間は学習Ⅱまでは容易に到達するが学習Ⅲの到達はまれだって。しかし到達してしまってマンネリ化すりゃー、学習Ⅲだって何だってけっきょく、電気ポットとおんなじゼロ学習だ。だから学習Ⅱの世界から離れて、それ以外の選択肢を探しはじめることが学習Ⅲってわけなんだろ？

そうだね、学習Ⅱの背景、コンテクストを学習することは、これまでの学習Ⅱが唯一絶対ではなく、一つの選択肢になっていくことだから、その理解でいいと思う。人は生きている限り変化していくので、学習Ⅱがまったく変化しないってことは理屈として合わない。なので、学習Ⅱも必然的に変化する。それが左の肩から右の肩へと荷物を持ち替えるような変化なのか、それとも一段飛び越えた質的な変化なのか。何らかの変化は必然でも、変化の質については偶然でもあるかもね。自信があるわけじゃないので、ベイトソンに聞いてみたいなー。

こんなところに来て音を上げんな！　オレはけっきょくどっちだっていいんだ。要は、ベイトソンの言う世界がどれほど整合性と信憑性のあるものかって、その辺のことなんだ。たとえば、アートを語るにはこの理論では何が足りないのか、そういうのがわかりゃーいいんだ。

でもさ、生き物やアートのことも同じ学習の平面で考えていけるって素敵だと思わない？

註

1　グレゴリー・ベイトソン［佐藤良明（訳）］2000『精神の生態学』新思索社 pp.417-418

父と娘の会話 2 ―― Zenってなあに?

娘「ねえ、パパ、教えて。Zen ってなあに？　音の響きがきれいだけど、それって何かのゲーム？」

父「オマエどこでその言葉を聞いたんだい？　まさかポーリーンやゼルダから聞いたわけじゃ？」

娘「何言ってんのよ。パパのあの有名なダブルバインドの話に出てくるじゃない！　頭の上の棒はホンモノかニセモノかって聞かれて、生徒がホンモノって答えても、ニセモノって答えても、何て答えても、ゴツンと叩くっていうあの話よ！」[1]

父「あー、そのことか。わかった、わかった。Zen はゲームの名前なんかじゃない。もともと東洋の宗教なんだ、仏教と呼ばれる中の一つのね……」

娘「ブッ！　キョー⁉　それってー、アタマ剃って声出してお唱えごとするあの宗教？　たしか学校で習ったわ。釈迦という人がインドで始めて、それが中国や日本にスプレッドしたんでしょ」

父「スプレッドか？　ああ、チベットやタイやカンボジアにも広まった。でも、オマエの関心はパパの論文のことなのかい？　それともほかでZenという言葉を聞いたことなのか？」

娘「そうなの、パパ。この前本屋さんでね、『オートバイ修理のZen』とか『アーチェリー（弓）とZen』とかって本が並んでて……そう言えば、パパの論文にも出てくるなーって。でも、パパが言うみたいに棒で叩くのがZenだと思ってたら、オートバイを直すのがZenと言われてたりするでしょ。だから、わたしわかんなくなって……」

父「おい、パパは最初に名誉回復のために言っておくぞ。棒で叩くのをZenだとパパは言っていない。どんな答え方をしてもダメ、黙っていても、そこから立ち去ることもダメ。さあ、どうする？　と言って迫る師匠に生徒はどうするか。その状況がダブルバインドに似ていると言ったんだ。Zenではそれをダブルバインドとはもちろん言わない。公案と呼んでいる」

娘「コーアン？　ヘンな名前。パパったら、またむつかしい言葉でわたしを煙に巻こうって作戦なの？……でも、そのZenの先生が出す問題に答えるのが生徒で、それでいて解答なんかどこにもなくて、そんなときにどうするかって？　やっぱりそれってゲームじゃない⁉」

父「うーん、そう来たか。ここはパパの説明が足りなかった。そこで、もう一度初めから整理してやってみよう」

娘「じゃ、まずブッキョーとZenとどう違うのか、それから教えて！」
父「まてまて、その前に……オマエは学校で釈迦という人がインドで仏教を始めたというのは習ったんだね。そう、紀元前五世紀くらいのことだ。それが、アジアや日本にも広まったことも習った」
娘「そうよ、それで？」
父「それで、広まったのはいいが、次第に各地でいろんな宗派ができてきた。キリスト教だって見てのとおりだね。そんななかにお釈迦さんが悟りをひらいた坐禅という修行に特に注目する人たちが現れた。それが坐禅宗、つまり禅宗と呼ばれる宗派なんだ。それが中国と日本を経てアメリカにZenとして伝わった。これで、すっきりわかったかい？」
娘「ぜん、ぜーん。それって単なる歴史でしょ。その伝わった中味は何なの？　Zenという名前でアメリカに伝わったもののナカミ⁉」
父「それは、結論から言うと、坐禅という坐るかたちだとパパは思う。手を組み足を組み背を伸ばして坐るあの坐禅だ。オマエもどこかで見たことがあるだろ？」
娘「本で見たことあるわ。ツルツル頭で黒いローブを着たお坊さんが目をつむってオスワリしている写真、どこかで見たわ」
父「犬じゃないんだ——それに目をつむっているわけではない。しかし、だいたいあのかたちで坐って修行するのがZenなのだとパパは理解している」

娘「ただそれだけなの？　だったらブッキョーとかZenとか言わなくても、〝オスワリ〟って言えばいいじゃない？　Zenって、なんかもっと神秘的なものかと思ってたわ。がっかり」
父「ひとがZenを神秘的に感じるのは、それが東洋の深遠さや秘伝のイメージと重なるからだろうな。仏教と聞いてあまり神秘性を感じなくても、Zenと聞くと何か神秘的なものを感じてしまうんだ、アメリカ人は。オマエもそうだったように」
娘「じゃ、ブッキョーとZenとの違いは、お唱えごとするのとオスワリするっていう違いだってパパは言うのね。それならわたしにもわかりやすいわ」
父「おいおい、そこまでシンプルではない。経を読む人が坐禅することだってあるし、坐禅する人が経を読むことだってある。ただ、何を主役にするかなんだろうね、お経か坐禅か」
娘「ナン・ミュー・ホレン・ゲット・ユー（None-mule-hole-and-get-you）って人前で唱えている人、見たことあるわ、サンフランシスコの街で」
父「それがお経だよ。ほかにもナンマンダ（ナムアミダブツ）っていう唱え方もある。坐禅はしたところで一セントにもならないが、お経を読むと日本ではお金になるらしい」
娘「歌手みたいね。お坊さんって歌手なの？」
父「うまい、へたはあるだろうな。これは日本の話だが、檀家でお経をあげた坊さんが終わって封筒をもらったので、何も知らない子どもが聞いた。それなーに？　と。〝これはお礼のお金だよ〟と答えると、その子はすぐ、〝ナンマンダ、ナンマンダ、そのナンマンダは何万だ？〟だってさ」

娘「おもしろい子ね。会ってみたいわ。ねえ、パパ。お釈迦さんという人はお経を読んだの？」

父「それはいい質問だ。答えは、ノーだ。釈迦の言ったことを後世の人が集めて文章にしたのが経なので、彼がもしそれを見たらどう思うだろうね？」

娘「そういうことね！　だからお釈迦さんがしたとおりの坐禅をするのが修行ってことなんでしょ！　でも、パパはこれまでどんな修行をしたの？　論文のあちこちでZenの言葉を使ったりしてるけど。パパはZenのことどれだけ知ってるの？」

父「なかなかきつい質問だ。パパは本格的にZenを修行したことはない。サイエンティストというのは、職業柄宗教的なものには一定の距離をおくものだ。それは、一宗教からの過度の影響を恐れるからだよ。でも、パパはコミュニケーションを考えるうえで、Zenから言葉を引用するのは好きなんだ、当を得た言い回しによく出会うからね」

娘「たとえば、どんな？　わたしにもわかるように言って。どんな言い回しがパパは好きなの？」

父「〝蚊子《ぶんす》、鉄牛にのぼる〟なんて、どうだ？　つまり、蚊が鉄製の牛に吸い付いて血を吸おうっていう話だ[2]」

娘「何、それ⁉　蚊はいくらやっても鉄の牛から血は吸い取れないわ。それのどこがZenなの？　それって頓知《とんち》、パパ？」

父「頓知と言えば頓知だな。公案と言ったっていい。オマエだったらこの頓知をどう考える？　これは何を言ってると思うかい？」
娘「蚊さん、蚊さん、そんなことしてもなーんにもならないわ。生きてるものから血をもらったほうがずっといいわ。でも、お願いだから、わたしからは血は吸わないでね、って」
父「小学生らしい答えだ。それでもいいとパパは思う。しかし、その上にもう一つ答えがある。何だと思う？」
娘「わかーんないわ。それ以上の答えなんて！　いくら吸っても意味ないじゃない、相手は鉄なんでしょ⁉」
父「そう、相手は鉄だ。だからいくら吸ってもダメだ。つまり、何にもならない」
娘「あっ、わかった！　その蚊のようにがんばって鉄に食いつくくらいでないと悟りはひらけない、という教えなんでしょ！　どう？　当たってる？」
父「オマエの答えはわるくはないし、実はパパもそう思っていた。しかし、残念ながら違った。ある禅の老師に出会ってからパパにもわかったんだが、鉄に吸い付くとは、坐禅のことを喩えているんだ」
娘「わたしそう言ったわ！」
父「いやね、つまり蚊は吸っても吸っても血は取れない、坐禅はしてもしても悟りは得られない、こういう意味なんだ」

娘「それじゃ、バカみたい！　修行する意味なんかないわ」
父「そこなんだ。修行する意味がないことを修行するという意味がある。そこが、どうにもアメリカ人には難関さ」
娘「じゃ、やっぱりそれ頓知ね。よく言って、ゲーム。何もいいことないじゃない」
父「だが、理屈はこういうことなんだ。つまり、坐禅して悟るのではない。原因が結果を生むのではない。努力して目標に達するのではない。坐禅そのものが悟りなんだ、と」
娘「そんなのないわ。おかしな話！　だってわたしがもし、しないと思うけど、坐禅したら？そしたらそれでもう悟っているの？　そんなはずないでしょ！」
父「いや、オマエが一分間坐禅したら、一分間悟っている。そういう理屈なんだ」
娘「もう、パパったら、そんな屁理屈ばかり言って！　変人さん以外、誰もそんなふうには思わないわ」
父「オマエが Zen ってなあにって聞いたからだよ」

†

娘「パパ、人に親切にしたら何かいいことあるの？　それとも、何にもいいことないの？」
父「どうだろう。いいときだってあるし、そうでないこともあるだろう」

娘「でも、いいことがあるかもしれないから人は人に親切にするのかしら？」
父「いいことがなくても親切にするときだってあるとパパは思うな」
娘「ずいぶん前だけど、ロサンゼルスの街角でパパの車が煙を上げて故障したときのこと、覚えてる？」
父「ああ、もちろん覚えてる。キャンプに行く途中だったかな」
娘「そう、あのとき、親切そうに声をかけてくれた人がいたわね——親切そうな風貌じゃなかったけど」
父「そうだった、職業不詳な感じで。しかし頼りにはなりそうな男だったな。それが何か？」
娘「あの人、わたし思うに、きっと私立探偵よ。ああいう表情とかしぐさとか……」
父「おもしろい想像だが、それがこの話とどうつながるんだい？」
娘「〝変人〟って言葉からその人のこと思い出してたの。ねえ、パパ、もう一つ教えて」
父「もう今日は遅いからおしまいだ。そろそろベッドの時間だよ」
娘「ねえ、パパ、言葉にならない知識のことをZenって言うの、もしかして？」
父「知らん、知らん。あー、フロイトならそれを無意識って言うだろうね。それはまた今度だ。早くベッドに行って寝なさい」
娘「ねえ、パパ。人に親切にするのもZenなの？」

註

1 グレゴリー・ベイトソン［佐藤良明（訳）］2000「精神分裂症の理論化に向けて」『精神の生態学』新思索社 p.296

2 〝蚊子《ぶんす》、鉄牛にのぼる〟（グレゴリー・ベイトソン［佐藤良明（訳）］2000『精神の生態学』新思索社 p.412）この言葉は以下の故事による。むかし中国に薬山《やくさん》という勉強家でたいへん優れた僧がいた。彼は石頭《せきとう》のところで修行していたが、なかなかピンと来ず物足りなかった。そこで師匠の石頭は薬山に言った、「お前は馬祖《ばそ》のところへ行って修行せよ」と。薬山は馬祖のところへ行って悟りをひらいたとき、かつての修行の様子を馬祖に向かってこう言った、「それがしかつて石頭にありし、蚊子《ぶんす》の鉄牛にのぼれるがごとし」と。すると馬祖は「蚊子の鉄牛にのぼれるがごとし。それこそが正しい」と応え、それが坐禅の本質であり、ピンと来るものが仏道ではないことを教えた。薬山は石頭の偉大さを知り、もとに戻って石頭の法を継いだ。

第3部

怪事件に立ち向かう私立探偵フィリップ・マーロウ

第19話　創作・ベイトソン誘拐事件

インターステート5は単調だがスピードは上げられる。朝ロサンゼルスを出れば夕方にはサンフランシスコに余裕で着く。ただし大型トラックは多いし、無愛想きわまりない道なのだ。海岸線を太平洋を見ながら平和に走る、という贅沢はこのルートにはない。舌に渇きをおぼえる無表情な数時間。ようやく、早春の夕日をドライヴに疲れた目で眺めながら私はオークランド・ベイブリッジを渡った。なんとこじんまりとまとまった街なのだろう。南カリフォルニアという巨大空間に慣れた人間にとって、この街はほとんどおもちゃサイズに見える。ユニオン・スクウェアを通り過ぎたあたり、オファレル通りのホテルにチェックインした。車から出ると空気は乾いて涼しかった。三、四日でこの仕事は片付けたい。サンフランシスコに長居はしたくないと思った。

おっと、失礼。自己紹介を忘れていた。私の名前はフィリップ・マーロウ。ロサンゼルスの私立探偵だ。事件屋とでも呼んでもらおうか。ハリウッドを除けばあとはすべて通信販売でできあがったような街だが、ロサンゼルスのそういう薄っぺらさが私の肌には合っている。海岸線で縁取られたこのお上品な街とはちがう。だが、そうも言っていられない事情もある。

それは少し前のことだった。変な依頼が舞い込んできたのだ。この季節にしては暑い日の昼過ぎオフィスに着くと、いつもの淀んだ空気が迎えてくれた。窓を開けようと部屋を横切り、二カ月も前から乾いて死んでいたような蛾を窓の外につまんで捨てた。ちょうど洗面所に向かおうとしたとき、電話が鳴った。

「もしもし、私立探偵のフィリップ・マーロウさんの事務所ですか」

男性の声だった。

「違うね……アクセントが」

外国人の発音とわかって私はそう答えた。

「すみません、ぼく日本人なんです。ミスター・マーロウにある調査をお願いしたくて」

「わるいが、日本語を習ってる暇はないんだ。他を当たってみては？　リトル東京とか？」

「ぼくサンフランシスコからかけています。どうしてもあなたに調査をお願いしたくて」

「ほう⁉　私でなくてはいけない理由が？」

「これは事件かどうかぼくにもよくわからないのです。ただ怪事件の調査ではあなたの名前は知られています。ある人が失踪したんです。ぼくは誰かが誘拐したんじゃないかと」

「誘拐？　ならまず警察じゃないか。勘違いしてもらっては困る」

「警察に頼めないわけがあって……それは、じつはこの事件がすでに過去のことでもう解決してしまっているからです」

「なんだって⁉」

ナオキと名乗る男の説明によれば、ある著名な学者がサンフランシスコの大学病院に入院した。学者は重病にもかかわらず病院からいなくなった。そして数日後、学者は市内の禅センターで亡くなった。当然、病死ということで事件にはならなかった。しかし、ここにまったく事件性はなかったのか。連れ去りの実行犯がいたのではないだろうか。学者の死を早めようとする陰謀があったとは言えないのか。それが捜査依頼の内容だった。

私は即座に答えた。

「それがどうして〝事件〟と言えるのか――I don't understand だ。相談する場所を間違えてる。それは私ではなく精神科医だろう、あなたのアタマを診てくれる。せいぜいチャンドラー小説か何かの読みすぎでってところだ。いくら依頼人が少なくて困っても、妄想につきあうほど閑ではない」

「わかりました。英語で上手く説明できないので、この経緯を書いたものをお送りします。それを見て判断してください。それでだめなら、そのときはあきらめます」と声の主は言った。

「オーケイ、スィー・ユー」と応えて受話器を置くと同時に私はその依頼のことはおととい買ったチェリーの値段のように忘れた。それを再び思い出させたのは、一週間後のバンチ・オブ・ナッシング（大量の無用な宣伝パンフ）にまぎれて届いた一通の手紙だった。亡くなった学者の名前はグレゴリー・ベイトソン、著名なサイエンティストだと書いてある。彼は肺がんの手術を受けていた。そしていっとき良くなったがその後再入院となった。ナオキというこの男が病院に学者を見舞ったすぐあと彼は姿を消したというのだ。

「それが、どうしたって言うんだ」

大学病院は患者を長くはおかない。転院は当然のことだ。一人つぶやいて一枚はねてみると、クリップにはさまれた新聞の切り抜きが添えてある。記事には、〝文化人類学者、グレゴリー・ベイトソン逝く〟という小見出しとともに小さな写真が載っている。それを見て私は「待てよ⁉」と思わず声を出した。この写真の男はどこかで見たことがある。

思い出した。ずいぶん前のことだ。私がまだ駆け出しの探偵だった頃だ。ちょうど検事局を首になって仕方ないから独立した頃、街角で車の故障で立ち往生していたこの男とその娘とおぼしき女の子に出会った。この男の目が記憶に残っている。そこで私は手紙にあるサンフランシスコの住所にすぐ電話をした。ナオキが言うには、この偉大な科学者がなぜ市内の禅センターで死んだのかが知りたいという——事件かどうかにかかわらず、しかし事件も視野に入れて。パウェル通りのカフェで待ち合わせてナオキと会った。細身でジーンズにセーターにスニーカをはいたこの男は思ったより上手に英語を話した。一日で一五〇ドルと諸経費、それに一流とは言わないがホテル代、それらを彼は了承した。

「物好きとしか思えない詮索は時間の無駄に終わるのがせいぜいだ。今のうちに考え直せば、君の家計のためにもいい」

助言のつもりで私は言った。

「物好きと言えばそうでしょう。でも、ぼくはこの件は科学史上重要になってくる気がするんです。つまり……グレゴリー・ベイトソンという〝二〇世紀最大の思想家[1]〟が最期にどちらの方向へ向かおうとしていたか、答えが得られるかもしれないので」

「ほう、それはご苦労なことだ。私は依頼を受けただけなので科学史などはどうだっていい。それよりもここに事件性がなかったら君はどうする？」

「どうもしません。ただ事件性も排除しないで接近していったほうが手堅いと思うんです。晩年グレゴリーはニューサイエンス、カウンターカルチャーの運動の中で注目度を上げていましたから」

私は来る前に少し調べてきた。たしかにベイトソンはある種の若者たちにとって一種のグルーのような存在だったようだ。

「きみの知っていることをもう少し私に話してくれないか。起こった出来事の点と点を結ぶのが何かを調査するためにも」と、私は事件性は薄いと感じながらもこうたずねた。

ベイトソンのエサレン・インスティテュートでのセミナーは予定されてはいたが、ナオキがエサレンに電話を入れてみるとセミナーはキャンセルされていた。理由はベイトソンの再入院だった。

そこで彼はUCサンフランシスコ・メディカルセンターに花をもって見舞いに出かけた。ベイトソンの病室を探し当て部屋をのぞいたが、部屋は空だった。病院スタッフに聞くと検査に出かけたとのことだ。検査は四時間ほどかかり面会許可の時間内には戻れないだろうということだった。

しばらく廊下で思案したあと、鉢に入れられた花を彼はテーブルにおき、カードに名前とひとことと走り書きを残してその場を離れた。その走り書きは、〝Zen master は別としても、あなたはぼくらに how to think（どのように思考するか）を教えてくれた稀な人の一人です。どうか早く良くなってください〟というものだった。

オファレル通りの私のホテルから禅センターまでは車で五分かそこらだ。アパートメントも多い静かなエリアに禅センターはあった。それは坂の途中の角地に建ち、二つの入口があった。上のが正面玄関ですぐ右脇に広い畳の間の本堂がある。仏像が安置されている。角を曲がった下の入口から入れば、そのまま坐禅堂につながっている。七、八メートルのトンネルのようなアプローチを抜けるとおごそかな坐禅堂がある。

私は禅センターの副住職（ヴァイス・アボット）と名乗る僧に案内してもらった。眼鏡をかけた体格のいいチャールズという白人僧は朗々とした声の持ち主だ。頭を剃り袈裟をかけた姿は日本の僧と何も違っていない、流暢なアメリカ英語をのぞいて。私は私立探偵であることをふせた以外、かなりフランクに彼と打ち解けた。未来の信者だと思っていただけたのだろう。僧になる前チャールズはコンピューター関連の技師をしていたという。

この建物は巧くできていた。禅センターに用のある者は上の玄関から入る。一般に開放される朝夕の坐禅だけに来る者は、そっと下の入口から入ればよい。そのまま坐る場所まで余分な挨拶もなく行ける。玄関から入ったフロアには本堂のほか、事務所、食堂、それに気の利いた図書室があり、その上の三階は宿坊になっていた。チャールズは宿坊への案内を天気予報士のように明るい声で断った。ベイトソンが連れてこられた場所は、この広い禅センターのいったいどこだったのだろう。


私は副住職の話を聞きながらナオキとの話を思い出していた。

「そもそも君は禅センターとはどういう関わりがあるんだい？」と私がナオキに聞くと、彼はある男の話を始めた。大学の授業で出会ったその男の名はジェシー・フランクルといった。

ジェシーがナオキに「君は日本人だろ？　禅のことを何か知ってるか」と聞いた。ナオキの家はいちおう仏教徒だったらしいが禅宗ではなかった。禅のことはほとんど知らない、と答えると、ジェシーは、「ぼくはじつは禅センターに住んでいる。一度遊びに来ないか」と誘った。僧にも見えない彼がどうして禅センターに住んでいるというのか。

ある日ナオキが出かけて行くとジェシーは宿坊と彼の部屋を案内し、彼の妻が正式に得度し、ここで修行しているのだという。そのあと彼はナオキを坐禅堂にも案内し、坐禅の仕方を教えた。ところがこのジェシーも妻もその後姿を消してしまう。禅センターに聞くと、行き先はハワイの方面じゃないかという程度の答えしか得られなかったという。

私は禅センターの副住職にこう尋ねてみた。以前科学者グレゴリー・ベイトソンが来てここで亡くなったことを聞いたが、それについて誰か知ってる人はいないだろうか、と。チャールズは何も怪しむそぶりもなく、「ずいぶん前のことなので、ぼくは知らない。その頃をいちばんよく知っていた鈴木和尚（鈴木俊隆・サンフランシスコ禅センター創始者）の奥さんももう日本に帰ってしまわれた。でも図書室のクリスティが当時の人のことは比較的よく覚えているかな」という返答だった。

私はチャールズに礼を述べて図書室に足を踏み入れてみた。狭い空間に天井まで実に小気味よく並べられた禅に関する本の数々はほとんどが英語のものだった。しかし、なかには日本からのものも混じっていた。なにげなく、スクラップブックにはさまれた日本からの書類のようなものを開いてみた。すると、そこに説明とともに薄紙に保護された一枚の白黒写真が現れた。

それを見た私は何かに打たれたように感じた。五〇年近く前に撮られたであろう一人の眼鏡の僧の坐像。床の間の掛け軸を背に袈裟をきちんと掛けて坐っている。堂々としかもやさしく、凛々とした気魄とともに。私は圧倒された。袈裟のしわまで見てとれるほどピントが合っている。写真の下には〝SAWAKI KODO ROSHI〟（澤木興道老師）と書かれていた。私はこの方面の知識はないが、禅が何なのか少しわかった気がした。

私は図書室の狭い通路をぶらついたあとデスクに近づき、「あなたがクリスティ？　以前グレゴリー・ベイトソンがここに来たときのことをあなたが知ってるとチャールズから聞いたんだが……」と切りだした。長身で鼻筋の通ったこの女性のブロンドはだいぶ白くなりかけていた。その声にはきまじめさが漂っている。

「いいえ、私が直接知ってるというわけじゃないです。その当時センターにいた人たちを知ってて、その人たちから聞いたことがあるくらいよ」と言う。

クリスティが名前を挙げた人物は二人いた。しかし、その二人とも今はセンターにはいない。そのうちの一人はコロラド州にいてその人の電話番号をもらうことができた。ホテルに帰り、さっそくその番号をまわしてみた。

「その番号は現在使われていません」と機械が告げた。

註

1 「二〇世紀最大の思想家」とベイトソンを呼んだのは科学史家モリス・バーマンである（モリス・バーマン［柴田元幸（訳）］1989『デカルトからベイトソンへ』国文社）。

第20話　じつは？

探偵気取りになっているナオキにはわるいが、ここで読者のみなさんには先回りして当時の事実関係と経緯を伝えておくことにしよう。

ベイトソンは一九七八年に肺がんの手術を受けた。そしていっとき元気になって、セミナー、講演、執筆活動を再開する。ナオキがベイトソンにはじめて出会ったのもこの時期のことである。一九七九年にはベイトソンの業績を讃えてカリフォルニアのアシロマー（Asilomar）というところで〝アシロマー・カンファレンス〟という会議が催された。サイバネティシャン、人類学者、コミュニケーション理論家、レトリシャンなど著名な学者たちが全米から集まった。その学術会議については、*Rigor and Imagination*[1]という本に詳しい。

当時、ベイトソンはロイス夫人とともに中部カリフォルニアの海に面したビッグ・サーに住んでいた。一九六〇年代からある教育・リゾート施設のエサレン・インスティテュートに居寓していたのだ。そのエサレンでベイトソンは定期的にセミナーを行っていた。ナオキが参加したというのはこのセミナーのことである。

ところが、翌年一九八〇年の春頃からベイトソンは病みがちになり、その年の六月一〇日にとうとう入院となる。入院先は、ＵＣサンフランシスコ・メディカルセンター。ＵＣとはUniversity of California のことである。ベイトソン再入院の直前に娘のキャサリンが東部から見舞いに到着したという。このときキャサリンはすでに登場したような少女ではなく、広く知られる立派な人類学者になっていた。

ＶＷ（フォルクスワーゲン）のバンに酸素吸入器を積み込み、ビッグ・サーを北上してサンフランシスコに向かったわけだが、このときの行き先として、メディカルセンター以外にも、すでに禅センターがあった、とキャサリンは証言している。これはどういう意味なのだろう。ベイトソンは長年どちらに対しても、つまり医療に対してもZen に対しても、ある種の躊躇があったともキャサリンは述べている。しかし、このときの選択としては、ものごとがより明確になりやすい近代医療のほうが順当だと判断したにちがいない。[2]

そして、その月いっぱいベイトソンは入院を続け、六月三〇日か七月一日のどちらかにＵＣサンフランシスコ・メディカル・センターをあとにしている。ナオキが花を持ってベイトソンを見舞ったのは、六月一〇日と六月三〇日の間のはずである。そして病院を出てからの行き先がサンフランシスコ禅センターだった。

娘キャサリンの証言によれば、大学病院のスタッフの対応が積極的な治療から次第に消極的なものに移行していくなかで、ロイス夫人が禅センターに移ることを決めたという。禅センターには、来賓のためのゲストルームがあった。そこに病院用のベッドを運び入れ、ベイトソンの安静と家族のプライバシーがなんとか保てたようである。禅センターの僧たちが代わる代わる世話に当たり、昼夜を通してベイトソンの病床に来て坐禅をしたという。

もちろんこのとき禅センターの創設者、鈴木俊隆老師はすでに世を去っていない。ベイトソンを受け入れることを許可したのは、鈴木和尚の後継者リチャード・ベーカー老師だったのだろう。また、鈴木老師が亡くなった後も禅センターに留まった鈴木和尚の夫人の協力があったことだろう。若い僧たちが昼夜を通してベイトソンの病床で静かに坐禅する姿とはいったいどのようなものであったのか。

さて、ベイトソンは次第に衰えを見せ一九八〇年七月四日にとうとう帰らぬ人となる。アメリカの二〇四回目の独立記念日の日のことだった。その三日後、ネプチューン・ソサイエティというアメリカで火葬を請け負う団体によって荼毘《だび》にふされた。そのときの模様をキャサリンは次のように記している。

死後三日め、家族と禅センターの友人とで火葬場に出かけ、みんなして炉のある部屋にまで入った。遺体の上には野の花とお別れの贈り物が積み上げられた。ノラはかつてエサレンの朝食のときにグレゴリーに話したベーグルを焼いてもってきたし、息子のジョンと養子のエリックは前の晩にサンフランシスコ湾で捕まえたカニをもってきた。カニはグレゴリーにとってなつかしの子ども時代のシンボルであり、精神と自然の〝畏怖すべき対称性〟の象徴にもなった生き物である。禅センターのひとたちが吟唱し、彼らに導かれてロイスが巨大な炉の着火スイッチを入れた。そしてみんな外に出て草むらに立ち、空に立ちのぼるひとすじの煙を見上げた。[3]

グレゴリー・ベイトソンの灰は、エサレン・インスティテュートと禅センターの郊外の支部、グリーン・ガルチにまかれた。おこったことの経緯としたらだいたいこういうことだった。

註

1 Wilder, C. & Weakland, J.H.（Eds.）1981, *Rigor and Imagination : Essays from the Legacy of Gregory Bateson.* New York : Praeger Scientific.

2 この間の経緯を娘のメアリー・キャサリン・ベイトソンは〝Six Days of Dying〟と題してウェブ上に掲載している（http://www.oikos.org/batdeath.htm）。

3 メアリー・キャサリン・ベイトソン［佐藤良明・保坂嘉恵美（訳）］1993『娘の目から――マーガレット・ミードとグレゴリー・ベイトソンの私的メモワール』国文社 p.377

第21話　不思議な男

ルガー22口径はこの捜査に必要ないだろう。しかし、なにぶん普段から身につける癖はどうしようもない。私はいったん車でホテルにもどった。ロサンゼルスでは小型に見える私のオールズモビルも、このちっぽけな坂の街では駐車にひと苦労だ。そこで禅センターまで歩いてみた。禅センターが教えてくれた糸は途切れた。しかし、夕刻の坐禅に人が集まるはずだ――誰かから何か聞き出せるかもしれない。それには、あの窮屈な坐禅を私もしなければならないというわけか。

考えればあれほど無防備な姿はない。後ろから狙撃されればいっぺんにおだぶつだ。私は夕刻の坐禅の時間に合わせて禅センター一階の入口からそっと入りそこで靴を脱いだ。するとすぐ左手の廊下から何人かのローブを着た僧が両手を胸の辺りで組みホールへ入ってくる。私はその後につづいた。数メートルつづく禅堂へのアプローチの脇にも坐蒲《クッション》が並べられている。禅堂に足を踏み入れるといっそう暗く感じ、香の匂いと広い空間のあちらこちらに人の存在を静かに感じる。

好きな場所に坐ればよいというわけだ。のろのろと人のあとに付いていったらそれぞれ坐る場所を見つけ、私は一人一番奥まで来てしまった。するとその奥の角っこに一人の白人の男が坐っている。肩幅は広いがやせていてかなり大柄を想像させるが、坐っているのでよくはわからない。アメリカ人でもこれほど見事に坐るものか。その端正な姿から私の脳裏には図書室で見たあの写真の僧、SAWAKI KODOが浮かんだ。
縁のない眼鏡を畳に置き、男は丸い坐蒲のほんの前方にだけお尻を乗せて長い足をきれいに組んで坐っている。背骨がほんのり弓のようにうねり、掌は組んだ足下で合わせ、大きくではないが目は開けている。私はこの男の横に坐った——形を真似すればいいくらいに思って。筋肉質とは言えないが、人間としての柔軟さが外に表れている。私は片足をなんとか腿の上に乗せて格好だけはできたが、動かないという姿勢が何にもましてつらい。ないと不安になる左脇のルガーが今は異物に感じられるから不思議だ。身体が静止すると反対に動き出すものがあった。それはふだんあまり使わない私のアタマだった。

……禅だけではないのだ、日本から来たのは。実は私のルガー（スタームルガー）も二〇世紀初め、たしか一九〇二年、南部麒次郎の開発による小型自動拳銃〝ベビー・ナンブ〟が元なのだ。構造はやや違うが形は酷似している。簡素なスタイルと命中精度の高さ。南部式自動拳銃は日露戦争ですでに使用が確認されている古いものだが……まてよ、先ほどの写真の僧、SAWAKI KODOは、見たファイルによれば、日露戦争でおおいに殊勲を上げたと記されていた。もしかして、彼もまたこのルガー（ジャパニーズ・ルガー）をもってロシア戦線にいたのかもしれない。私がルガーとともにここに坐っているのは何かの因縁かもしれない。サイレンサーを装着すれば暗殺にも適しているのだが……

そのとき堂内に鐘の音が響きわたった。びくっとして私は急にわれに返った。鐘の音のほうを向くと片隅でチャールズが木槌をゆっくり振り上げている。坐禅の始まりを告げる鐘はつづけてもう二回鳴らされた。余韻とともにふたたび静かさがもどった。そして私も自分の空想の世界にもどった。

……高級住宅地ベル・エアの木々に囲まれた白い邸宅にはいっさい明かりが点いていなかった。ミス・ゴンザレスの誘いが罠とはわかっていたがほかに選択がなかった。いっしょに車を降りたが、彼女は「幸運を祈るわ」と言ってから、すごい勢いで車をバックさせたかと思うと猛ダッシュして走り去っていった。あたりに静けさがもどった。遠くにフリーウェイを走るトラックの轟音がかすかに聞こえる。静まり返った深夜の建物からは物音ひとつしない。誰もいないようだ。

私は玄関から忍び込み、来客を待たせる天井の高い一角を通り抜け、広いリビング・ルームの前に立った。分厚いカーペットに足を踏み入れ、音のしない暗い部屋をゆっくりと進んだ。するとその先の片隅にバーがしつらえてあった。小さいが気の利いたバーのようだ。いろいろな酒が揃えられている。そのときだった。暗い中に何か生暖かい空気を感じて、振り向くと女がソファにもたれかかりながら立っていた。だらりと下がった右手には、銃が力なく握られている。まわりに目をやるとバーの脇の不自然に延びきったカーテンを背に男が死んでいた。拳銃を片手に握っていたが、弾は至近距離から命中していた。

　服役中のはずのギャングがハリウッドのレストランである女優と会食している写真を巡って、ゆすりの材料に使おうとしたおぞましい事件。その写真の二人がここに居合わせている、一人は死んでいるが。田舎から出てきてハリウッドで成功したこの女優の弟が写真を撮り、そのまた妹が私に兄の捜索願いに来るという込み入りようだ。撃ったのはその妹だ。妹の犯行をかばおうと、女は――彼女が私の依頼人だったが――自分が撃ったかのように銃を握っていた。私は彼女を説得してその場から立ち去らせてから、市警に電話を入れた。警部補のフレンチはこんどこそ私を本気で締め上げることだろう。探偵許可証を取り上げられたらまずいことになるなと思いながらシガレットケースから一本取り出した。しばらくしてパトカーのサイレンが遠くから次第に近づいてくるのが聞こえた……[1]

　ふたたび鐘の音で私はわれに返った。今のは銃声？――ではなかった。四、五〇分後に鳴らされた鐘は一回。まわりの人間がゆっくり立ち上がった。足が痛い。凹んだクッションを元どおりに直し、前方後方に手を合わせ礼をしたあと、出口に向かってしずしずと歩き出した。私もそのあとにつづいた。足はまだぎこちない。建物の外に出るまで誰も言葉を交わさなかった。

「やあ、見ない顔だね。ここははじめてかい？」

私のすぐあとから出てきた男は入口を出たところで私に声を掛けた。かなり長身で、頭は短く刈り、うっすらと髭をはやし、丸い眼鏡をかけている。知的なその目には好奇心が宿っている。私が形をまねようと隣りの彼のほうに目をやったりしたから、彼も私が気になっていたのだろう。

「ああ、お察しのとおりだ。金曜の夕方、花のサンフランシスコで郵便ポストにでもなった気分だ」

「は、は、は！」

しようがない野郎だとでも言いたげに笑い、彼は尋ねた。

「というとベイエリア（サンフランシスコ近辺のこと）の人間じゃないってわけ⁉　ビジネスもかねて来たものの、女にふられてディナーのかわりにzen-sittingか？」

「そんなところだ。君のユーモアもわるくない。郵便ポストだって、ときには女にふられる。ところで、君は何してる？　つまり……」

私はテンポよく尋ねた。彼が頭の回転の速い男のように見えたからだ。

「ぼくは風車を作ってる、新しい風車を考案してるんだ。かんたんに見えて、これがなかなか……風が相手だとね」と言う男の声には自信も感じられる。

男の名はスタンリー・ベック。彼は少し南のロス・アルトスというところに家族と住んでいるという。副住職のチャールズには伏せたが、この男には自分がロサンゼルスの私立探偵であることを、すんなり白状してしまった。会話の流れがそうさせた。

「探偵さんがこんなところで何してるんだ？」と言うから、私は〝How about a drink?〟（ちょっと、やるかい？）と逆に聞いてみた。〝Why not!〟（断る理由もないね）とスタンは応じてきた。近くに停めてあった彼のHONDAアキュラでヴァンネス通りを北上しノブ・ヒルに上がっていく途中、木立のストリートに歩道にはみ出さんばかりにテーブルが出ているカフェに車を停めた。歩道に面した席で私はギムレットを、スタンはクーバリブレを注文した。

「ラム酒にコーラとはね！　お酒に砂糖水だからヘンな取り合わせだ。キューバに何かの縁でも？」と私が尋ねると、「キューバ革命でクーバ（キューバ）・リブレ（解放）って叫んでアメリカを追い出して、コカコーラでラム酒をわるんだから、ひねりが利いたカストロ風のジョークさ。去年、国際会議でハバナには行く機会があったんだ。そういう場合、期間限定ならアメリカ人でも行ける。会議そっちのけで、あちこち歩き回ったがね」

スタンはいくぶん得意げだった。アメリカはキューバと国交を断絶している。

「スタン、君の風車の話を聞かせもらえるかい？　私のような商売からすれば、君の仕事は実にロマンチックだ」

「特許のことがあって細部は話せない。ただプロペラはすでに限界に来ている――風は縦横無尽に吹くから。形のない風を捉えるのは球体がコロコロ回るって感じが一番適している。風を捉えやすい。そのメカは秘密さ。風のエネルギーはエコであるばかりか資源としても無限だからね。地球を〝水の惑星〟なんて人は言うけど、ぼくに言わせれば地球は〝風の惑星〟だよ」と言ってスタンは目を輝かせた。

この男には情熱を傾ける自分の世界がある。

「〝風の惑星〟か、ポエティックな表現じゃないか。君が禅に惹かれる理由はその風と関係してるのかい？」

「まったく無関係だ。風は風。禅は禅……」

スタンは即座に答えたが、何か言い忘れているようにも感じられた。

「実は私は捜査でここに来ている。グレゴリー・ベイトソンがあの禅センターで亡くなったことに関連して。ベイトソンがなぜ禅センターで最期を迎えたのか、それが今回の捜査だ。私の依頼人は誘拐を指摘するのだが」と私はもちかけた。

「誘拐だって？　それは愉快な新説だ。グレゴリー・ベイトソンのことはよく知ってるよ。何度か会ったことがある。亡くなる前、彼はちょっとした尊師《グルー》か精神的指導者にまわりから見られてた。新興宗教までもがグレゴリーの名前をよく挙げたものさ。理由は、生物進化を取り入れたエコロジー思想と自然界のつながりに精神があるとした考え方にあるだろうが」とスタンは平然と言う。

「その辺りは私もすこし調べてみた。ただベイトソンがじっさい禅センターとどういうつながりをもっていたのか、その辺りを知る者がいないんだ」と私が言うと彼はこう答えた。

「グレゴリーと禅センターとのつながりは鈴木（俊隆）和尚との出会いから来てるんじゃないかな。ベイトソンは禅には早くから関心を寄せてたが、それまでは文献上の知識だった。鈴木老師と会見して禅は彼がそれまで漠然と知っていたものとは違っていることに気づいた。公案のような頓知的な禅とはまったく趣きを異にしていたんだ」

「というと？」

「鈴木和尚はよく〝初心〟ということを強調されたが、これは〝初心の弁道すなわち本証の全体なり[2]〟という道元禅師の言葉から来ている。グレゴリーはちょうど彼の学習理論で、慣れとか習慣のことを考えていた。慣れと初心とでは反対の意味で関係するから、何かグレゴリーのなかで理論的につながるものがあったんだと思うな」とスタンは興奮気味だったが、私には理解が追いつかなかった。そこで、「それじゃ、どこがどう誘拐なんだろうね」と私が自嘲気味に言うと、スタンは通りの向こうの遠くを見るようにして、「でも、それは、まんざらでもないかもしれない。当時の禅センターには、カウンターカルチャーに影響された者、環境保護者、あるいは一部カルトまがいの人たちも交じっていたかもしれない。グレゴリー自身の禅の理解にもぶれがあったように、多くの若者にも東洋の神秘と禅の区別が今ほどしっかりついていなかった。一部の者たちにとって、思想的リーダーと目されるグレゴリー・ベイトソンが禅センターで亡くなることは、自分たちの見立てが正しかったばかりか、宣伝効果を上げるためにもわるくない出来事だったかもしれない」とスタンは言った。

「ところで、君はジェシー・フランクルを知ってるかい？　グレゴリーが亡くなった頃、禅センターにいたらしい」と私は聞いてみた。

「ジェシーのことは知ってるよ。とてもいい奴だ、静かな口調に特徴があり、自分より人のことをまず気にかけるような男だ。彼は禅僧ではなかったが、精神世界に関心をもってたようだ。しかし、彼よりももう少し若い世代かな、グレゴリーを祭り上げたかったとすれば。くわしくはわからないが」とスタンは言う。

「私が調べたところによると、ベイトソンは一九七八年頃、当時のカリフォルニア州知事、ジェリー・ブラウンの要請でカリフォルニア大学の評議委員になっている。知ってのとおり一〇カ所ほどあるカリフォルニア大学を統括する評議委員だから重要ポストだ。この人事は頭の固い教育者連にはショッキングなことだったらしい。そしてベイトソンをこの評議会から外したいと思う人もいたんじゃないか。二六人の規定メンバーのうち一八人を知事が選び、その任期は一二年。しかし、ベイトソンは一九八〇年に亡くなったので、二年しか務めなかったことになる」と私が言うと、

「なるほど一二年もしグレゴリーが評議委員をつづければ、カリフォルニア大学は相当変わる。だから、大学の変革を阻みたい者たちによる陰謀説もありうると⁉」

ややにっこりと笑みを浮かべて彼はこう続けた。

「しかし、その推測にはいくぶん無理があるかな。一人の評議委員の票は一票だ――いくらグレゴリーでも決定的な力とは言えない。彼一人くらい、無視しようと思ったら」とやや冷淡にスタンは言ったあと、「しかし、説得力があるグレゴリーのことだ。まわりの委員にはその言葉の重みは相当なものだったろう」と付け足した。

私はやや無謀な想像を彼にぶつけてみた。

「この二つが一つに組んだとしたらどうなる？　つまり、グレゴリーを評議委員から外したい連中とグレゴリーに禅センターで最期を迎えてほしい人たちとがね。大学病院から早く連れ出して彼の回復の機会を奪い、そして禅センターで亡くなれば？　評議委員から外れ、同時に、方向違いの若者にとっては勲章にもなると？」

「ほ、ほう、おもしろい想像でわからないでもない。不本意にもグレゴリーと宗教とのつながりが知られれば、彼の評議委員としての評価は、アカデミックなところだから間違いなく低下する。それを喜ぶ連中はいたのかもしれない。が、あまりできのいい推理とは思えない。なぜなら、それにはグレゴリーを禅センターに迎え入れ、しかも評議委員たちと通じる誰かが二重スパイのような働きをする必要があるからだ。そんな都合のいい人物がいるとは思えない――住職の使いとしてグレゴリーを禅センターに案内できるだけの人物はいたとしても……まさか⁉」

スタンはそこで息を止めた。


「まさか⁈」

二人とも同じ人物を思い描いたようだった。しかし、その男と評議委員会との関係は未知のままだ。私は言った、「依頼人の誘拐説にはいささか無理があるようだな」。

陽が傾いていた。

「そろそろ行かなくては」とスタンは立ち上がり手を差し伸べた。私たちは握手を交わした。「その説が無理か無理でないか、グレゴリーに聞いてみたらわかるさ！」と彼はいたずらっぽく言うと、テーブルに一ドル札二枚を置いて車のある方角に歩き去った。

註

1　レイモンド・チャンドラー［村上春樹（訳）］2010『リトル・シスター』早川書房から一部改変

2　道元［水野弥穂子（校注）］1990『正法眼蔵《しょうぼうげんぞう》（弁道話《べんどうわ》）』岩波文庫

第22話　一九八〇年七月、ミュアビーチ、ナオキの回想

マーロウが調査をつづけるなか、ぼくはベイトソンの葬儀のことを思い出していた。

「夏のサンフランシスコほど寒いところはない」は、ジョークのような真実だ。七、八月の一時期だけサンフランシスコの街は太平洋からの霧にすっぽりおおわれることは前にも述べた。潮風に吹かれて街中へ入り込んでくる霧の冷たいこと。おかげでこの街はいくぶん幻想的にしてもらえる。霧で遠くが見えない。そんなある朝、ぼくは一九番通りとホロウェイの交わる交差点で乗せてもらう車を待っていた。

パロアルトの自宅から運転して来たのはジョン・ウィークランド[1]、そこに同乗していたのはジェイ・ヘイリー[2]。二人ともダブルバインド理論をつくったベイトソン研究班のオリジナル・メンバーである。当時ジェイは東部に住んでいたので、このときカリフォルニアまで来たのだろう。一九八〇年のこの時点でこの二人はすでに世界的に知られる家族療法家《ファミリーセラピスト》であった。もう一人同乗者がいた。ぼくの大学のキャロル・ワイルダー教授である[3]。

この日の行き先はサンフランシスコ禅センターの支部があるグリーンガルチ農場だった。そこでグレゴリー・ベイトソンのメモリアル（追悼式）があるというのだ。そこはゴールデンゲート・ブリッジを渡った北にあるミュアビーチというところで、レッドウッドの巨木が群生するミュアウッズ・ナショナルパークも近い。樹高が一〇〇メートルを超すというこの樹は、セコイアと呼ばれる針葉樹のことだが、この木の生長にもやはり霧が関わっているという。

そのグリーンガルチ農場は浅い谷間に広々とした農地をもつ。奥へ進むとそのまま太平洋に出てしまう。敷地内には坐禅堂、ゲストハウス、会議場、茶室、事務所、ブックストアなどが点在する。イベントやプログラムも用意されていて、禅の勉強以外にもオーガニック農法、環境教育からパンの焼き方まで学ぶことができる。

ゴールデンゲート・ブリッジを渡ったところからがマリン・カウンティだ。移動中、ジョン・ウィークランドとジェイ・ヘイリーはお互い旧友らしくくだけた会話をつづけていた。車は国道から農場へ向かう細い支線に入った。脇に大きなユーカリの木のある道をジョンの車はゆっくり下っていった。そのときだった。ジェイ・ヘイリーが想いを吐露した。後部座席にいたぼくにもそれははっきりと聞き取れた。"It's strange, so strange that a man of British academic tradition, with a father who was a renowned biologist, ends up at a Zen center in California. That seems so strange to me!"（じつに不思議だ。わからない。イギリスの名門の家系に生まれ名高い生物学者を父にもったグレゴリーなのに、カリフォルニアの禅センターがその最期の地とはね！　ぼくにはわからない）と。それを聞いたジョンはいつものあのムニャムニャとした口調でジェイに何か言ったようだったが、後部座席のぼくにはよく聞き取れなかった。ジェイ・ヘイリーにもベイトソンと禅との関係が不可解に感じられたのだろう。たしかにベイトソンのメモリアルはウエストミンスター寺院ではなかった、ダーウィンやニュートンなどと違って。

早朝の霧は晴れ上がり、ここマリン・カウンティでは青空がのぞいていた。お昼に向けて霧は決まって内陸のほうへ向かい徐々に消えて晴れわたっていく。サンフランシスコ市内よりも早くこのマリン・カウンティでは霧が晴れる。式が始まるまで少し時間があったのでぼくは広場をぶらついた。すると向こうから黒いローブを着た若い女性が本に目を落として歩いてくる。ぼくとちょうど直角の方向で近づいたとき、ぼくはその本が何かわかって「あれっ！」と思わず声に出した。剃髪していない白人女性僧が手にしていたのは、ペーパーバックの『精神の生態学』だった――一九八〇年当時で四ドル九五セントで買えた。

ぼくは嬉しくてつい、〝Oh! You're reading *Steps, Steps to an Ecology of Mind* !! It's a tough book. Can you follow it?〟（すごい、『精神の生態学』を読んでるんですね！　難しい本でしょ。わかりますか？）と声を掛けた。すると彼女は目を落としていた本から顔を上げ、冷たい視線を向けて、ひと言、〝Of course〟（もちろんよ！）と言って歩き去った。「この本の高尚さがあなたなんかにわかるの？」と後ろ姿がぼくに告げていた。

『精神の生態学』が当時一部の若者たちのファッションであったということか。メモリアル当日であったためその本を読んでいたというのか。それとももっと真剣にベイトソンの思想は禅を学ぶ者たちに浸透していたということか。これより何年かのち、ぼくは機会を得てグリーンガルチに五日ほど滞在したことがある。そのとき見たのは、ゲストハウスの二階へ上がる踊り場に掲げられたモノクロのグレゴリー・ベイトソンの写真だった。彼は禅センターでは今も思い出される存在なのだ。

その日、禅堂には多くの人が集まり、一〇〇人以上はいただろうか、並べられた椅子に静かに座っていた。ジョンとジェイがどこに座ったか見えない。ぼくは後ろのほうの席にキャロルと座った。前方にはしつらえられた仏壇があり花が飾られている。何か言いたい人が自然発生的に一人ずつ立ってはしみじみと故人の想い出を話す。聴衆はそれをただ静かに聞く。アメリカのメモリアルとはこういうものなのだろう。ぼくのディベートコーチ、ダンが亡くなったときもやはりそうだった。

聞きながらそれらの声が次第に遠くなり、ぼくのなかで時が揺らいだ。想像の世界に飛んでいた。

グレゴリーは鈴木俊隆[4]和尚に会っている——

†

グレゴリー・ベイトソン（B）「私は生物界に行き渡る学習という現象について考えています。ウズムシ（プラナリア）だって何かを学習するし、昆虫や鳥も学習する。しかし、高等な哺乳動物は学習したことについてさらに学習するという能力をもっています。Zenで言う悟りも一種の高度な学習と考えていいのですか」

鈴木和尚（S）「高度かどうかわからんがの、理想的な精神状態を得るもんじゃあない。正しい姿勢で坐る、それはどんな心理状態であっても悟り。これが仏道の最終結論なのじゃ」

B「つまり、精神状態というコンテントではなく、形、フォームの学習ということですか」

S「悟りは個人の心理状態、〝小さな精神〟(small mind) じゃあない。自分を含む〝大きな精神〟(big mind) で、個人の話ではない。正しく端坐する習慣をつける修行じゃからして理想や悟りを追い求めない。そんな学道ですかな」

B「生物システムの情報回路は個体内に限られるわけではありません。それは個体間にも広がり、また環境ともつながったものです。生物システムは個体+環境であって、生存を保つための生態系、その情報回路が精神性を帯びると考えられます。そういう〝全体〟に精神が宿るわけで、私はそれを〝ecology of mind〟（精神の生態学）と名付けています」

S「〝ecology of mind〟から一歩踏み込んで〝ecology is mind〟はどうじゃな？　われわれが見るものは、われわれの心と離れて存在しておらん。すべてが心《しん》なのじゃ。また、〝修証これ一等なり〟と言っての、坐禅修行をすることと証を得ること、つまり悟りを得ることは同じだという申し分じゃ。坐禅をしていたら〝私〟と〝坐禅〟は二つ離れたものではない。私が坐禅しているし、坐禅が私をしている。対立はないんじゃ」

B「そこには主体が学習するという試行錯誤（トライアル・アンド・エラー）の過程がないというわけですか」

S「いやいやそんなことない。正しい姿勢を保つためには大いに試行錯誤が必要じゃよ。人それぞれ体形も違うし、体力も違う。一人ひとりが自分にあった工夫をしなければならん。悟ろうというケチなあがきを捨てて、正しく坐るために試行錯誤。手を組み足を組み自分の人生を停止する、そうして仏さんにすべてをお返ししてしまう練習をする。一種の〝仏さんごっこ〟というあそびでもあるじゃろ」

B「あそびですって？　坐禅が〝あそび〟になる？　それをもう少し説明してもらえますか」

S「坐禅はどこまで行っても坐禅じゃ。坐禅して何かにするのではない。その昔、馬祖《ばそ》が一人坐禅しているところに師匠の南嶽《なんがく》がやってきて、〝何をしておるか〟と聞いた。馬祖が〝仏になろうと修行しています〟と答えると、南嶽は瓦《かわら》を側にもってきて磨き始めた。〝和尚、瓦を磨いて何をなさるのか〟〝瓦を磨いて鏡にしようと思ってのう〟〝瓦はいくら磨いても鏡にはなりませんが〟〝坐禅はいくらしても仏にはならない〟これが南嶽の教えじゃった」

B「目的に向かってゆくのでないとすると――それは〝ただ〟するだけで、あまり意味が？　いや失礼。それはあそびというか、学習を超えた学習というか――つまり〝試行錯誤を捨てる学習〟があってもいいということですか⁉　試行錯誤と非試行錯誤を行ったり来たりできるという学習を言っておられるのですね。それは、学習の領域を突き出てしまうかもしれないが、私がこれまで学習Ⅲとして位置づけたかったものはそのことかもしれない」

S「仏道においては大枠、大前提のところに試行錯誤はない。それを自分の修行に落としてきたところ、自分のものにしていくところが大いに試行錯誤じゃ」

B「私のこれまでの考えで言うと、学習には抽象レベルが想定され、最初のトライアル・アンド・エラー（試行錯誤）が始まるのを学習Ⅰとします。たとえば、暗記の場合で言えば、英単語や百人一首を暗記していくのは学習Ⅰです。しかし、その暗記の〝仕方〟を試行錯誤して学習していくとすれば、それは学習Ⅱです。すると、もし学習Ⅲでは試行錯誤という方法論そのものが選ばれる対象になるとすると、試行錯誤でない学習も代案として現れる。その際、試行錯誤と非試行錯誤を行ったり来たりできるという柔軟性をもって学習Ⅲとする？」

S「……」

B「では、私たちが試行錯誤というパラダイムから離れたものを試行錯誤から選んだとすると、この世界は大きく書き変わり、自己を再定義することになりませんか」

S「道元禅師にはこういうお言葉がある。〝仏道をならうというは、自己をならうなり。自己をならうというは、自己をわするるなり。自己をわするるというは、万法に証せらるるなり。万法に証せらるるというは、自己の身心および他己の身心をして脱落せしむるなり〟[5]」

B「〝脱落〟と言われるその意味は何なのですか」

S「はじめにもどる、というほどの意じゃ。オレだ、オマエだ、という区別を覚えた以前にもう一度もどる。その区別を忘れる。これが忘れられんから、人間は大変なんじゃよ」

B「では、その〝脱落〟とは、〝忘れる学習〟と考えてよいのですか？」

S「それでも不都合はなかろう。仏道を学ぶには、自分がどういう人間か知ることが大切じゃが、そのとき知った自分がいつも出っぱっていたら活動はスムーズに運ばん。以前に覚えた〝自分〟という概念は今日の時点では古いのじゃ。一瞬一瞬の活動は自分を忘れないとうまく進まん。自分を忘れれば円《まどか》なものじゃ、大虚に同じ、万法に証せらるる。〝坐禅〟が〝私〟しているのじゃ」

B「斧で薪を割る人も、綱渡りの曲芸師も、自分が一方向的に働きかけているのではなく、サイバネティックな情報回路の一部になりきってはじめて、巧く薪が割れたり、バランスを保てたりします。それが〝自己を忘れる〟ということですね。それにしても、忘れるという学習はどうしてヒトという種にとって難しい学習なのでしょうか。物忘れは簡単なのですが、いったん身に付けた習慣、つまり学習Ⅱを忘れることが難しいのは？」

S「そのために坐禅があるのじゃよ。ものごとに慣れると、元にもどすのはこれまた難業。酒癖もそうだが、お酒だけじゃない。慣れとはおそろしいものですよ」

B「慣れることで技術や型が自分のものになっていくのですが、それで効率や経済性は上がるものの、それが固定化すると学習はもう前に進まない。すると、脳細胞はお休みしてしまいます。固定化して反応が一定に定まってしまったものを私は〝ゼロ学習〟と名付けています」

S「それはおもしろい命名じゃのう。禅とはちょうどその反対で、固定化しないこと、大自在を修行することじゃ。ただ、あなたさんのおっしゃる学習Ⅲも試行錯誤を停止したところからまたゼロ学習にもどってしまうがな。今度はそれにまた気をつけんと」

B「生物の進化にもヒトの学習にも終わりはありません。変化（change）は、すべてに例外なく当てはまります。言われるところの自由自在は、しかし、下手をするとまったく無秩序になってしまいませんか。どんどん進めればエントロピーが増大して混乱のみが残る？」

S「この自由自在は、坐禅にしっかり枠付けされておる。頭だけで考えてはいかん。頭で考えるとデュアリズム（二元論）になる。二つであって一つ、一つであって二つなのじゃ。坐禅は理屈ではない、体あたりの修行じゃ。坐禅そのものを信じて坐れば一超直入如来地《いっちょうじきにゅうにょらいち》と[6]言うての、それでもう打ち止めじゃ。デュアリズムを超える。身も心も放ち忘れて、ピシッと身構えて、心意識の運転を止めれば、是非、善悪、偉い偉くない、幸不幸はみんな棚上げじゃよ。大道体寛、難なく易なしというて」

B「では、その坐禅修行ですが、和尚は何を一番の大事と考えますか。そのポイントは？」

S「それは〝初心〟じゃろう。ものごとに慣れてしまわない鍛錬。それこそ坐禅の目指すところじゃ。初心であれば中は空っぽだからあらゆる方向に進める。専門家になったら選択は限られる。善し悪し、適不適に縛られるから、デュアリズムに陥る。禅について学者ぶった理解は必要ない。ピュアな心こそ一大事。ものごと慣れたらいかん、慣れたらおしまいじゃ」

B「ちょっと前、和尚は坐禅して何かにするのではないと言われました。瓦を磨いても鏡にならないように。今度は〝初心〟を得ることが坐禅の目標だと言われる。いったい、どちらがほんとうなのですか？」

S「どっちもほんとうじゃよ」

†

はっとぼくはわれに返った。人々の想い出ばなしや追悼のことばはすでに終わっていた。前方では長身の白人僧が仏壇に向かって白く長い総《ふさ》のついた払子《ほっす》を右に左にとゆっくり振っている。ぼくは後部の座席からぼんやりそれを眺めた。するとキャロルが隣の席からぼくの耳に近づき言った。〝You know, I think he is flake!〟（私、あの男、ニセ坊主だと思うわ！）と。鈴木和尚の後継者が禅センターを代表して執り行なう儀式だったが、キャロルは平然とそう言った。

註

1　ジョン・ウィークランド／一九一九年生まれ。アメリカの心理療法家。ベイトソンの研究班でダブルバインド理論の成立に貢献。短期家族療法の生みの親。カリフォルニア州パロアルトにある心理臨床の研究機関、MRI（メンタル・リサーチ・インスティテュート）創設者の一人。著書に *Change*. New York : Norton, 1974（共著）ほかがある。

2　ジェイ・ヘイリー／一九二三年生まれ。アメリカの心理療法家。ベイトソンの研究班でウィークランドとともにダブルバインド理論の成立に貢献。その後、家族療法をリードし、戦略的なブリーフセラピー（短期療法）で広く知られた。著書に *Uncommon Therapy*. New York : Norton, 1973 ほかがある。

3　彼女はこの本の第4話「一九七七年九月、サンフランシスコ——論理階型」ですでに登場している。

4　鈴木俊隆（Shunryu Suzuki）／和尚の講話の録音から、*Zen Mind, Beginner's Mind : Informal talks on Zen Meditation and Practice*. New York : Weatherhill, 1970 が弟子たちの手によって出されている。英語でやさしく Zen を説いたきわめてすぐれた本。

5　「仏道をならうというは……」は『正法眼蔵現成公案《しょうぼうげんぞう》』にある有名な言葉。精神科医、木村敏もその著書『人と人の間』（弘文堂 1972）のなかでこの言葉を引用した。

6　「一超直入如来地《いっちょうじきにゅうにょらいち》」は、永嘉《ようが》大師が禅を詩で表した『証道歌《しょうどうか》』のなかの有名なフレーズ。それを澤木（興道）老師は、「一度でも泥棒をしたらすぐに泥棒になれる（一超直入泥棒地の）ように、坐禅したら一超直入に（すぐさま）如来地である」と説明した。

第23話　なぜベイトソンは禅センターで死んだのか？

この事件では身の危険を感じさせる人物にはお目にかかっていない。銃を引き抜く必要もなかった。事件性があるのかさえ疑われた。私はサンフランシスコを発つ日の朝、街でナオキに会った。チャイナタウンにほど近いところに昔からあるそのカフェは観光客や土地の人でにぎわっていた。カウンター席の人々は常連なのだろう、ウェイトレスに冗談を飛ばしている。窓際のテーブル席にはいくぶん上気した旅行客の姿があった。ナオキが小ぶりのバックパックを肩に店に入ってきた。挨拶もそこそこ、座るやいなや彼は一枚の小切手を取り出して私のテーブルの上に置いた。〝Pay to the order of Philip Marlowe $1,500〟と手書きされた個人小切手だった。探偵料だとナオキは言ったが、私は仕事らしい仕事をしたわけでもないのでそれを受け取るわけにはいかないと言った。大した話もせずいきなり小切手を出したので私は面食らった。

ベイトソン誘拐事件に関わった者がいるとしたら、それはスタンリー・ベックとも話したあのジェシー・フランクルかもしれない、と私は言った。彼がもし二重スパイだったら、この事件は成立したかもしれない、と。ベイトソンの禅センターでの存在をアピールすることで禅センターの名を挙げたいという動機がもしジェシーにあったとしたら、そして、もし彼がカリフォルニア大学の評議委員の誰かと通じていて、ベイトソンを陥れるため、ベイトソンの宗教との関係をあらわにしたいと思う人間に操られていたとしたら、この陰謀説は成り立つかもしれない。またそれがジェシー・フランクルでなくとも、この仮説は当然当てはまる。これはたしかにありえない話ではないが、確率は高くはない。そういうわけでこの探偵料はいただきたくない、と私は言った。ジェシーのその後の足取りもはっきりしないままなのだ。

副住職のチャールズや図書館のクリスティにとってこの事件は昔のおとぎ話みたいなものだろう。私の出会ったスタンリー・ベックは知的で的確な判断ができる男のようだった——得体の知れない人物でもあるが。ベイトソンが禅センターで亡くなったのは鈴木和尚との直接の出会いが大きな要因だとスタンは言った。グレゴリーの考える理論と鈴木和尚の説く禅との間には共通性があったとでも言いたげな感じだった。想像だがそれは半分は当たっているかもしれない。

一方、この〝誘拐事件〟は、ナオキにとっては解かなくてはならない人生の問題であったようだ——岩についた貝のように強い執着となって。そこで私は言った。

「君はグレゴリーの病床にメモを書いて残した——〝禅の老師は格別だがあなた（ベイトソン）は偉大な教師である〟と。そして君は自分の書いた手紙の内容とグレゴリーの最期の行動の一致に当惑したんだ。そこに不思議な因縁を感じた。もう少し言おう。君はグレゴリー・ベイトソンという科学者／思想家に傾倒しながら対抗意識もあわせもっていた。グレゴリーを超えるにはどうしたらよいかとね。そして東洋人として自分に染み込んでいる思想、とりわけ禅に目をつけた。これならベイトソンを凌駕できるかもしれないと思って。ところがグレゴリーは先回りしてすでに禅のほうを向いていた、君よりも早く」

「グレゴリーが亡くなった時点では、ぼくはグレゴリーと禅センターの関係は知らなかったんです。自分のメモがグレゴリーの禅センター行きという行動に影響したんじゃないかと思ったんです」とナオキは釈明した。

「あと、その対抗意識というのは当たっています。その素晴らしさに感服すると同時にそのまた上を行きたいという……」

「野心かい？　それはまあいいだろう。それで君は自分の与えたかもしれない影響を何かで測ってみる必要を感じた。そこで誘拐事件を思いついた。だからもともと誘拐の可能性を君は信じていなかった」

私は切り込んだ。

「ただ、私も含めいろんな人物を動員することによって、より複眼的に自分の影響の度合いを見てとれると考えたんだ。どうやって？　それは消去法によってさ。グレゴリーに働きかけたかもしれない人物の可能性を一つひとつ消去することによってね」

「違う。というか全部は正しくない」と彼は言い返した。

「グレゴリーがあのあと禅センターに向かったのにぼくは心底驚いたんです。ジェイ・ヘイリーが困惑したように。でもその困惑はヘイリーのとは逆なんだ。ぼくはむしろグレゴリーに共感するとともに深いつながりも感じた。病床に花を置いて帰ろうとしたとき、目に入ったのはそのときまだ出版間もない彼の著書『精神と自然』だった。それがベッド脇の小テーブルの上に開かれたまま置いてあってね。読み返していたなんてもんじゃない。開かれたページはまだ出版前の推敲中であるかのように鉛筆書きや赤い線で埋まっていたんだ。〝何これ？〟という感覚とともにぼくは胸が締め付けられた」

「どうしてだい？」と私は聞いた。

「理論に対するグレゴリーの執念のようなものがぼくを襲ったからでしょう。彼は生前よく〝人生のボーナスタイムをもらった〟と言っていた。それは何かと言うと、一回目の手術のあと数年元気に暮らせたからだ。ぼくがグレゴリーに師事できたのもこの〝ボーナスタイム〟のおかげなんだ」とナオキは言う。

「きっとグレゴリーは余生が延びたこの時間を与えられた恵みと感じて、病気を治すことよりも理論を直し教えるほうに全力を注いだのだと思う。それがぼくの胸を……」

「だから君は弟子の一人としてグレゴリーがなぜあのあと禅センターに向かったか解明する責任を感じたと言いたいんだろうね。ジェシー・フランクルのような風変わりな若者が禅センターにはたくさんいた時代だ。そこで改めて君に聞こう。今君は誰が犯人だと思う？犯人がいればの話だが」と私が聞くと、「犯人はいてもそれは抽象なんだろうと思います。総合して考えてぼくは〝仏さん〟がグレゴリーの誘拐犯じゃないかと思って。鈴木和尚をあやつる大ボスの引力がグレゴリーに及んだんじゃないかな」とナオキは答えた。

「おもしろい想像だ――哲学的にはね。しかし、君は探偵の仕事をいささかバカにしている！」

「すみません、そんなつもりでは……」と彼はすぐ謝った。

「いや、いい。忘れよう。これはただ私の勘かもしれないが、グレゴリーには一種のあそび心のようなものがあって、いたずらっぽささえ感じる」と私は、グレゴリーの遠くを見るような、クジラのような目を思い出しながら言った。

「彼の禅センター行きも一つの謎かけと考えてみたらどうだろうか？　〝この意外な展開をどう考えるか〟というようなね」

「サイエンスの将来を見据えて投げかけた難問ってわけですか。それもあるかもなー」とナオキは微笑んだ。

「たしかにグレゴリーにはユーモアをもって何かを教えようとするところがあるような気がします。たとえ理屈では解けなくても、神秘から目を背けようとしないところが彼にはあります」

私は聞いた。

「神秘⁉　ふつうのアメリカ人から見れば禅など神秘そのものだ。禅のどこにグレゴリーは魅惑されたと君は思っているんだい？」

「グレゴリーにとっての禅の魅力とは何だったんだ？」

「〝二人行く　一人は濡れぬ　時雨かな〟という川柳《せんりゅう》があります。デカルト以来のデュアリズム、つまり二元論の科学を超えるヒントが禅にあったからじゃないでしょうか。〝二は一によってあり、一もまた守ることなかれ〟といって、宮本武蔵の二刀流もこの言葉をヒントにしたと伝えられます。二であって一、一であって二。その間の行ったり来たりの両方を同時に含むサイエンスをグレゴリーは探していたのだと思います」

私はいくぶんひややかに「それで探せたのかい？」と尋ねた。

「彼の論理階型という考え方には、デュアリズム（真偽、可不可、幸不幸などの二項対立）を解消する働きがあって、それが禅と似ているんです。禅においては坐禅という形（フォーム）が迷いという内容（コンテント）を回収するのですが、論理階型においては一段抽象度の高い学習がその回収の役を果たします。〝晴れてよし　曇りてもよし　富士の山　もとの姿は　変らざりけり〟という感じで」とナオキは真面目くさって言う。

「私は理論的なことはわからない。しかし、グレゴリーのこの禅センター行きも彼にとっての何らかの学習であった。そう君は言いたいのだろ⁉」と私は言った。

「わからないですって？　いえ、待ってください、マーロウさん。あなたは理論的なことがわかっていると思いますよ、二元論のこと。ある女、たしか富豪ハーラン・ポッターの娘、リンダ・ローリングと別れる際、あなたは、〝さよならを言うのは少しだけ死ぬことだ〟（To say goodbye is to die a little）と言っておられましたよ。有名なセリフです！」

「あれは私の言葉じゃあない。借用したまでだ」私は弁明した。

「とはいえ、白黒はっきりするだけの思考ではないと思うんですよ。そこに謎めいたユーモアもある」

「それは、どうも」

「話をもどして」とナオキは続けた。

「たしかに禅センター行きが、グレゴリーにとってより高次の学習——学習III、あるいは試行錯誤を超えるための試行錯誤——だった可能性はあるかと思います。彼は晩年〝It's that simple!〟（そのくらいことはシンプルなんだ！）というフレーズをよくぼくたちに言っていました。錯綜する因果関係や対立から一段抜けた世界の調和をこんな言葉でユーモラスに表現したんだと思います」

「そういうひねりは私も嫌いじゃない。なつかしさを感じる」

「そういえば、あなたもグレゴリーも同じ英国の出自でしたね」

「私じゃなく私の作者がね、英国で育ったんだ」

朝食を終えた人たちが徐々に去り、まわりのざわつきが収まってきた。バスボーイが皿やコーヒーカップを深いトレイに入れて運びはじめている。陶器の皿を重ねる音があちこちで響く。そのとき、奥のキッチンでガチャンと皿かコーヒーカップの割れる音がした。ウェイターが床にでも落としたのだろうか。私はそろそろサンフランシスコを出発したかったのでナオキに別れを告げ、小切手は元にもどすよう言った。彼が聞き入れなかったので、「金も大切だよ、ブラザー（兄弟）。いくらかタフでなければ……生きられない」といくぶんおどけて言うと、「でも、やさしくなければ、生きている意味がないんでしょ?!」と彼は微笑んで返した。

小切手は換金されないままロサンゼルスの私のオフィスの金庫にある。

終章　ベイトソンへの旅の余白に

さいごまでのおつきあい、おつかれさま。学習現象とベイトソンへの「旅」はいかがでしたか。この本では一貫して学習をコミュニケーショナルな現象として扱ってきた。それゆえコミュニケーションの法則がそのまま学習現象に当てはめられ、説明のユニット（単位）も、「個人」から「関係性」へとシフトしていることに気づかれたかと思う。

コミュニケーショナルに考えるとき、その基本に「変化」という視点がある。静止していたものが動き出すという変化。子どもが成長するという変化。知識を増やしたり、性格ができあがるという変化。コミュニケーショナルに考えるとき、「変化」と「コミュニケーション」と「学習」は、ほぼ一直線上に並ぶ、同一ではないにしても。こうして、学習をコミュニケーションとして広くとらえることで、曖昧で抽象的な言葉ではなく、相互行為とその区切り方をもって具体的に説明することができる。ベイトソンの学習理論の特徴がそこにある。

この本は大部分が対話的に構成されているため、説明の行き届かなかったところがあるかもしれない。ここで何点か補足説明しておきたい。

グレゴリー・ベイトソン（Gregory Bateson 一九〇四－一九八〇）は、生物学者ウィリアム・ベイトソン（遺伝学）の三男として英国で生まれ、アメリカを舞台に活躍した文化人類学者である。その研究は、人類学のほかに精神医学、コミュニケーション理論、生物学、進化論、認識論、エコロジーに及び、一人のサイエンティストがとても真似できない広がりをもっていた。しかもそれぞれの分野で先端的な研究を残したので、まさに二〇世紀を代表する知の巨人である（実際、彼は一九〇センチを超える大男でもあった）。ニューギニアやバリ島でのフィールドワークをかたちにした民族誌[1]、精神分裂症（統合失調症）の研究から生まれたダブルバインド理論[2]、そして論理階型から導かれた学習理論などはベイトソンの代表的な業績と言われ、どれも「厳密さと想像性」（rigor and imagination）とのバランスから抽出されたユニークな到達点の数々だ（本書p.210）。

ベイトソンの思索／思想は、親子二代かかってできあがってきたものと考えていい。それは、「もの」それ自体よりもそれがもつ「関係性」に注目する認識の仕方である。これをグレゴリーは遺伝学者ウィリアムから受け継いだ。生物、とりわけ哺乳類のコミュニケーションを背景にヒトを見ていく姿勢は、大著『精神の生態学』でかたちとなって開花する。それは「人間の範疇が理論の範疇」である哲学や社会学と大きく異なるし、言語を使い分けるヒトの領域に手の届かない生物学ともまた異なる。父子の共通点としてもう一点、詩人、哲学者、画家であったウィリアム・ブレイクの影響が色濃く見てとれることだ。父親ウィリアムはブレイクの絵画の蒐集家であったし、その作品群は父からの遺産としてグレゴリーに何点も伝わった。

さて、そのグレゴリー・ベイトソンの「学習とコミュニケーションの階型論」を読みといてきた本書は、学習一般に関心をもつ人、教育やトレーニングに携わる人、学習論や教育論の専門家、医療や福祉の現場で働く人、そして司法や裁判に関わる人たちにぜひ読んでいただけたらと思う。それと、やはり子どもの親たちと保育に関わる人たちにも。

この本は広い読者を想定しているが、それはこの学習論がたんに人間の学習プロセスだけではなく、細胞から哺乳類に至るまでの有機体の学習を射程に入れ、それらにも当てはまる「言語」で語られているからである。冒頭述べたように、学習がコミュニケーション的な出来事であるのなら、細胞同士にも、コンピューター同士にも、コミュニケーションは起きる。それとまったく地続きに人の学習を考えることで、「生き物」としての学習のからくりがそこから立ち現れ、学習のイメージを超えた学習理論ができあがる。そんなことを感じ取ってもらえたらうれしいし、ぼくがこの本を書きたかった理由もそのあたりにある。だからといって、決して動物寄りの話ではないことは内容からわかっていただけたかと思う。

私たちの学習プロセスは、失敗やしくじりから学ぶという特徴をもつ――外国語の発音も、料理の仕方も、人間関係の保ち方も、また自然災害からの教えも。つまりトライアル・アンド・エラー（試行錯誤）を通して学習する。エラー（失敗、しくじり）の概念が重要である理由は、エラー修正と学習とがほぼ同義だからである。もちろん、一口にエラーと言ってもそこにはいろんな種類のエラーがあったことは述べた。ある集合（枠）のなかから選ぶもの（アイテム）を間違えるというエラーもあれば、集合それ自体の選択を間違えるというエラーもあった。

繰り返しになるが、カレー（という枠）に入れる材料として、タマネギ、ニンジン、ジャガイモ、肉はよくても糸こんにゃくはダメだとすると、それはカレーの食材という集合（枠）のなかの「アイテムの間違い」ということになる。でも、糸こんにゃくはカレーという枠では間違った選択であっても、肉じゃがという枠ではどうか？ もし正解なら、それは「枠の選択の間違い」（カレーか肉じゃがかの間違い）である。この二つの間違いは種類、つまり抽象のレベル（論理階型）が違うということだった。こうしてエラーを論理の階層で種分《しゅわけ》することで、そのエラーの修正プロセス、つまり学習プロセスを階層構造で考えていく道が開ける。

エラー修正と学習プロセスは、したがって同じ変化の二つの側面である。エラー修正の抽象レベルは、学習の抽象レベルと同じである。ニンジンか糸こんにゃくかという選択とカレーか肉じゃがかという選択では論理階型が違う。学習はつねに二つの（またはそれ以上の）論理階型をもって進行していく。

こうしてエラー修正の抽象レベルを想定したうえで、ベイトソンの説明は、試行錯誤のない「学習ならざる学習」、つまり「ゼロ学習」から出発した。いつも自動的に判を押したような反応だったり、偏見に基づく定まった行動、簡単なon/off式のシンプルな回路による電気器具などは、ゼロ学習である。[3] そこでは反応の変化はおこらない。学習は止まったままで、文脈／状況（コンテクスト）は考慮に入らない。

そして、ゼロ学習からの最初の試行錯誤の始まりが「学習Ⅰ」だった。あるセッティングにおいて刺激と反応の関係が徐々にできあがっていく過程である。一〇〇％いつも同じ反応というゼロ学習とは違って、そのコンテクストのなかでより適した行動を模索しはじめることだ。たとえば、小学一年生がひらがなや数の数え方を一年二組というクラスで学んでいく過程（試行錯誤）は、学習Ⅰである。心理学実験でいう学習はこの学習Ⅰを指している場合が多い。原生動物も学習Ⅰまではできそうだ。学習Ⅰではその場の要請、コンテクストが考慮に入ってくる。

その学習Ⅰに生じる変化のことを「学習Ⅱ」と呼ぶ。二年生になってクラス替えで二年一組に入り担任の先生が変わっても、一年生のときの生徒と先生の関係を仮定して二年生のクラスの授業に出る、それが学習Ⅱである。学習したこと（字の書き方や数の数え方）について、そのコンテクスト（自分と先生との関係）を学習するという第二次学習である。このように「学習したことを学習する」とは、論理階型の言葉を使えば、試行錯誤して獲得した学習を（一つのアイテムとして）含む枠（集合体）を学習していくことだ。学習Ⅰを取り巻くコンテクストの学習である。

教育関係者や社会学者が「学習」と言う場合、実験心理学と違い、この学習Ⅱのことを指す場合がよくある。学習Ⅱは広い概念であって、ものごとが上達するのもこれに含まれる。補食動物からの逃避も、霊長類の〝言語〟の習得も、ヒトの育児も、みんな学習したことをさらに学習して上達する。それは、個体（個人）の学習が進んだとも言えるが、コミュニケーション的には、場の論理、コンテクストに適応したと言い換えることができる。学習という現象を生物の生存戦略と進化過程のなかに位置づけていくのだ。私たちヒトという種はこの学習IIとたいへん深い関係にあって、その人らしさの獲得もそうである一方、精神的混乱も学習IIの能力があることが条件であることも指摘した。

そうしてできあがった自分らしさ、才能、流儀、性格などをまたさらに外から眺めて、それらを学習上の〝エラー〟と考えて修正の対象としていくことが「学習III」であった。獲得した技や形成されたアイデンティティを終着点にするのではなく、一つの通過点としてその上の枠を求めて試行錯誤を始めること、これを学習IIIと呼んだ。自らの学習の集積を一選択肢にしてしまい、大きく自己を書き換えていく過程のことだが、これはヒトという種にとって難度の高い学習で、他の生物にはまず無理ということらしい（これを難なくやってのける新種のヒトが将来突然変異によって出現するかもしれないが）。ここでは、性格が大きく変わること、宗教的目覚めから世界観が変わることなどを、ベイトソンは例に挙げていた。

ただ、ここで誤解してはいけないのは、それらへの到達のみが学習IIIではないということだ。学習IIから離れていく試行錯誤（トライアル・アンド・エラー）のこともまた学習IIIと呼ばれる。学習IでもIIでも同じことだが、到達した結果だけを学習というのではなく、エラー修正の過程を「学習」と呼んでいることに注意してほしい。それはなぜかというと、コミュニケーションの基本に立ち返って、誰が学習（変化）するかといえば、心理学が言うような「個人」ではなく、「個人＋コミュニケーションの相手」だからだ。コミュニケーションの過程では対話者は同時に両方とも何らかの変化を被る。草を食べる（野生の）ウマの進化に合わせて草もまた進化（共進化）するように。学習も一方向ではなく、学習の単位《ユニット》も個人のみではない。

でも「性格」といえば、個人のものではないか、と反論したくなる。しかし、よく考えてみると、「性格」はその人の性格を観察する人がいてはじめて、たとえば「やさしい人」はありうるのだ。自分ひとりで「やさしい人」はいない。このようなコミュニケーション原理と論理階型の柔軟な応用をもって展開されたのがベイトソンの学習理論である。精神の生態学の認識体系の完成に向けたランドマークと言えよう。

†

では、論理階型の考え方は、知っておくとどのように有用だろうか。たとえば、先の説明で心理学者が学習と言うときには学習Iを、教育者や社会学者が学習と言うときには学習IIを指す場合が多い、とベイトソンは指摘しているが、それでは同じ「学習」という言葉を使っていながら議論は噛み合わない。加えて、両者はどうして噛み合ないかがわからない。このようなスレ違いの原因が論理階型にあるとわかることに意義がないとは言えない。意識して眺めるといろんな場面でそういう誤解に気づくだろう。

また、学習に論理階型があるのなら、知的活動の種類（知の領域）にも論理階型があってもおかしくない。知の領域の違いが実は論理階型の違いであったと気づくこともある。あるとき研究者たちの集まりで「語り」の視点から医療や司法の実践が報告されていた。語りの視点とは、現在、「ナラティヴ」という呼び方で注目されていて、人の苦悩や病いの経験をその人の語り、物語にある真実から理解していこうとするものである（本書p.77）。そういう視点に対して、ある質問者が疑念を呈した。「すべてが語り（ナラティヴ）で片付けられてよいものだろうか。事実というものは歴然としてあるし、ユダヤ人虐殺はたんなる物語などではない」と。これはふつうに考えるとなるほどと思う。

これを論理階型から眺めると混乱はある程度避けられるだろう。人の体験や事件を「語りとして聴くこと」と「歴史的な事実を把握しようとすること」とでは、知の領域が違う。起きたことが自分と関係なく事実として収拾される知の領域、つまり「知域」がある。これを、ベイトソンの翻訳者、佐藤良明さんにならって、「知域1」と呼ぶことにしよう。[4] 知域1では、対象（相手のこと）を知ることに注意が注がれる。たとえば、歴史的に何があったかを調べたり、特定の人たちのことを調査したり。

一方、そのコンテクストも知の対象としてしまうという知域がある。このような知は、知る主体である「私」もその私の「知り方」までもコンテクストとして知の対象になる。調査や記述の対象は調査者にまで及び、調査者も変化するリスクを覚悟する。それが知域2という領域である。ここでは幸いにも——いや、やっかいなことに——事実と向き合う「自分」が知の対象に入ってくる。

「事実」を読む自分もまた読まれる対象である。[5]

起きたことを丹念に調べて「歴史的な真実を突き止める作業」と「語り手の物語のなかの真実に耳を傾ける作業」とでは、優劣は付けられないものの、属している知域が異なる。論理階型が異なる。「私」と「私の知り方」まで知の対象とする知域はきわめて流動的かつ変化に富んだ知的空間であろう、不安定とぎこちなさを伴って。「自分の入らない事実」と「自分を入れた事実」が、それぞれ別の論理階型の話だとわかれば、先の疑念にもある程度は答えることができるのではないだろうか。

日常生活において、誰も「言葉とそれが指し示す物」「地図と実際の土地」「メニューにある写真とテーブルにおかれた料理」を混同することはない（ただ、うちの息子は、二歳のときルーペで大きくしたイチゴをそのまま食べようとして〝失敗〟した）が、不思議にも二歳の子どものように、論理階型の問題は科学する専門家において顕著な問題となって現れる。それは、なぜだろうか。

論理階型の導入によって、二項対立としか思えなかったものが、メタレベルの関係にある相補的なものととらえられることで、知的空間に動きが生まれ、専門家同士の議論にも余裕を与え、新たな展開が期待できよう。[6]既定と思われていることにこの論理階型を当てはめて考え直してみよう——アイデアに、理論に、方法論に。当時、暗中模索だったベイトソンもきっとそんなスピリットで先へと進んでいったに違いない。

新しいエネルギーを考えなくてはならなくなった今、私たちも、新しいコンピューターを開発しつづけるあの会社のように Think Different!

†

「おい、でも何か忘れてないか。学習IVはどうなったんだ⁉」

「それは学習IIIに起こる変化のことだろうけど、成人のヒトにはおそらく起こらないってベイトソンは言ってたよ」

「じゃ、もしかして子どもなら可能なのか？」

「そうもベイトソンは言ってないけど……」

「だったら何なんだ⁉」

「学習IIIにたどりついたときに考えてみてはどう？」

「それができたら苦労はない！」

「あ、通過という方法もあったね」（本書 p.181）

註

1 ベイトソンの文化人類学への貢献として次の二点が特に有名である。Bateson, G., 1936/1958, *Naven : A Survey of*

the Problems Suggested by a Composite Picture of the Culture of a New Guinea Tribe Drawn from Three Points of View. Stanford : Stanford University Press.（未翻訳）／グレゴリー・ベイトソン＋マーガレット・ミード 1942［外山 昇（訳）2001］『バリ島人の性格――写真による分析』国文社

2 ダブルバインド理論を説明した「精神分裂症の理論化に向けて」は『精神の生態学』（新思索社）に所収。

3 ゼロ学習の概念は意味深長で、どんな高度な学習に到達しても、そこから変化（向上）しなければゼロ学習に舞い戻るということを示唆する。

4 この秀逸な視点は『精神の生態学』ならびに『精神と自然』（新思索社）の翻訳者、佐藤良明氏のエッセイ「ベイトソンのおけいこ」（『現代思想』12-5, 1984）から。

5 ミシェル・フーコーの「知の考古学」の場合、ある事象がその時代のどんな無意識や隠れた規則性によって発生したかを歴史から探求するので、歴史のコンテクスト、つまり知域２の作業と言えるだろう。何を知域１とおくかによって知域２は同定されるため、「私」が入らない知域２もありうるだろう（中村雄二郎（訳）1981『知の考古学』河出書房新社）。

6 たとえば、歴史的真実 vs 物語的真実、疾患 vs 病い、EBM vs NBM（根拠に基づく医療 vs 語りに基づく医療）などの対立概念も、知域という点で論理階型の違う二つの相補的概念としてとらえなおせば、知的空間が立体化する。

あとがき

前作『やさしいベイトソン』（金剛出版 2008）に続いて、不完全ながら、読者のみなさんにベイトソンを読んでいただけることが大変うれしい。この本は、前回同様、ベイトソンのことをより深く知るための、ぼくのいわば「ベイトソン勉強帖」である。同時にまたタイトルの通り、みんなでベイトソンを語る豊かな場にするため、いろんな方々に登場していただいた。レイモンド・チャンドラーの小説の主人公、私立探偵フィリップ・マーロウ氏。サンフランシスコ禅センター初代住職、鈴木俊隆老師。グレゴリー・ベイトソンとマーガレット・ミード夫妻の愛娘、メアリー・キャサリン・ベイトソン（教授）など。それらの人々とぼくとの架空の対話を書かせていただいた。まず、深くお礼を申し上げたい。

今回の『みんなのベイトソン』は変わったプロセスをもってできあがった。「間奏曲」も含め二五話で構成された本書は、一話ずつ書き終わるやすぐに金剛出版編集部の藤井裕二さんに送られた。そして、送られた一話の感想をもらうと、それを参考にしてまたすぐ次の一話に取りかかるという具合だ。ぼくのなかの対話が画面上でかたちになり、その対話を読んだ藤井さんとの対話が、次の話の下敷きになった。そして新たな対話が組まれていった。

編集の藤井裕二さんには、そのようなわけで、怠け者の著者と辛抱強くつきあっていただきエスプリに富んだコメントをたくさんいただいた。配慮の行き届いた編集作業とあわせて、こころよりお礼を申し上げたい——この本の作成に大きく貢献したひとりとして。

この本は対話の連続である。一話二話ずつ間《ま》をおいて読んでいただけたらと思う。一つのことを早くわかってしまう必要はない——科学の本はそうかもしれないが、小説がそうではないように。「わかろう」とする構えを少し和らげて、「あそぼう」という気持ちを少し高めて——そうすれば必ず読者のみなさん一人ひとりのなかにこれまでにはない新たな対話が生まれることと思う。

問いに答えていく作業ばかりが科学ではないだろう。問いを生んでいく作業も社会科学の真骨頂だとぼくは思う。そして、ベイトソンは、けっきょく、あなたのなかに自分らしい〝問いかけ〟と〝答え〟はあるよ、と教えている。そう思ってぼくは不肖の弟子ながら三〇年間ベイトソンを読み続けてきた。

ベイトソンはよくわからない、難しすぎる、という人がよくいる。簡単だとはぼくも言わないけれど、それは主に読みの角度のような気もする。そんなときは、論文としてではなく散文や小説を読むように読んでみたらいい。ベイトソンはかならずしも物事の本質として、あるいは構造や真理の骨組みとして、高雅な公理として読む必要はない。ベイトソンは多分に「表情」なのである（青木利樹氏の教示による）。表情であれば、読み方は読み手にまかされる。そこのところの自由度は、ベイトソンの場合はたいへん大きいと思う。二〇世紀の古典『精神の生態学』が、名訳であるにもかかわらず、本棚で埃をかぶったままにならないためにも。

一方、先端科学へのベイトソンの応用も無視できない側面だろう。最近話題を集めている脳科学や認知科学は、ベイトソンがその輪郭を描いた精神（マインド）とその〝ありか〟から有益な示唆を多く得るにちがいない。コミュニケーション、サイバネティクス、情報理論という盤石な科学のモデルに立った認識論は他分野のコーナーストーン（礎石）になる可能性をじゅうぶん秘めている。

さいごになるが、本文中の引用を許していただいた「じろうくん（仮名）のお母さん」、この場を借りてお礼を申し上げます。そのほかにもこの本の作成には多くの方から関心とともに、助言、示唆をいただいた。ここにあらためて深く感謝の意を表しておきたい。

二〇一二年三月一一日、東日本大震災から一年の日に

著者記す

▶ 事項索引

た

な

は

ま

や

ら

わ

▶ 人名索引

著者略歴

野村直樹

（のむら・なおき）

名古屋市立大学大学院人間文化研究科教授。スタンフォード大学大学院博士課程修了。文化人類学 Ph.D.

主要著書　『ナラティヴ・時間・コミュニケーション』（単著｜遠見書房｜ 2010）、『やさしいベイトソン――コミュニケーション理論を学ぼう！』（単著｜金剛出版｜ 2008）、『ナラティヴと医療』（共編｜金剛出版｜ 2006）、『ナラティヴ・プラクティス［現代のエスプリ 433］』（共編｜至文堂｜ 2003）、『セラピストの物語／物語のセラピスト』（共編｜日本評論社｜ 2003）、『ナラティヴ・セラピーの世界』（共編｜日本評論社｜ 1999）ほか。

主要訳書　アンダーソン『会話・言語・そして可能性――コラボレイティヴとは？ セラピーとは？』（共訳｜金剛出版｜ 2001）、マクナミーほか編『ナラティヴ・セラピー――社会構成主義の実践』（共訳｜金剛出版｜ 1997）ほか。

みんなのベイトソン

学習するってどういうこと?

印　刷……2012 年 4 月 20 日
発　行……2012 年 4 月 30 日
著　者……野村直樹
発行者……立石正信
発行所……株式会社 金剛出版（〒 112-0005 東京都文京区水道 1-5-16）
電話 03-3815-6661　振替 00120-6-34848
印　刷……シナノ印刷
製　本……シナノ印刷
ISBN978-4-7724-1248-3　C3011